中国学校教育探索丛书
甬派教育管理名家系列

U0646217

普通高中课程领导力的
校本建构

方松 著

北京师范大学出版集团
BEIJING NORMAL UNIVERSITY PUBLISHING GROUP
北京师范大学出版社

图书在版编目(CIP)数据

普通高中课程领导力的校本建构/方松著. —北京：北京师范大学出版社，2020.11

ISBN 978-7-303-26330-1

Ⅰ．①普… Ⅱ．①方… Ⅲ．①课程－教学研究－高中 Ⅳ．①G623.3

中国版本图书馆 CIP 数据核字(2020)第 171564 号

营　销　中　心　电　话　010-58802135　010-58802786
北师大出版社教师教育分社微信公众号　京师教师教育

PUTONG GAOZHONG KECHENG LINGDAOLI DE
XIAOBEN JIANGOU

出版发行：北京师范大学出版社　www.bnup.com
　　　　　北京市西城区新街口外大街 12-3 号
　　　　　邮政编码：100088
印　　刷：北京京师印务有限公司
经　　销：全国新华书店
开　　本：787 mm×1092 mm　1/16
印　　张：15
字　　数：221 千字
版　　次：2020 年 11 月第 1 版
印　　次：2020 年 11 月第 1 次印刷
定　　价：55.00 元

策划编辑：冯谦益　　　　　责任编辑：马力敏　李灵燕
美术编辑：李向昕　　　　　装帧设计：李向昕
责任校对：康　悦　　　　　责任印制：马　洁

丛书编委会

主　任：苏泽庭

副主任：徐文姬　　陈如平　　柳国梁

委　员：（按姓氏笔画排名）

马　兰　　王晶晶　　石伟平

朱永祥　　刘占兰　　李　丽

沙培宁　　张新平　　林小云

赵建华　　袁玲俊　　耿　申

戚业国　　彭　钢　　蓝　维

序一

　　"教育兴则国兴，教育强则国强。"实现中华民族伟大复兴的中国梦，归根到底是靠人才、靠教育，必须把教育事业放在优先位置。党的十九大报告提出的"建设教育强国"，主要方向是走中国特色社会主义教育发展道路。习近平总书记在 2018 年全国教育大会上明确提出"坚持扎根中国大地办教育"。中国的教育应根植于中华文明，守住中华优秀传统文化的根与魂，讲好中国教育故事，创生中国特色理论，为人类贡献中国智慧和中国方案。

　　宁波简称"甬"，位于长江三角洲南翼，是我国东南沿海重要港口城市和历史文化名城。宁波教育源远流长，长盛不衰。唐建州学，宋设县学，人文荟萃，贤才辈出。在河姆渡文化的孕育下，宁波先后出现了一批又一批有影响力的教育思想家，如宋元时期的高闶、王应麟等，明清时期的王阳明、钱德洪、徐爱、方孝孺、朱之瑜、黄宗羲等，民国时期的陈训正、张雪门、杨贤江等。这些先贤都为宁波的教育做出了不朽贡献，在中国的教育发展史上发挥了重要作用，是甬派教育家的典型代表。

　　改革开放以来，宁波市的基础教育实现了跨越式发展。宁波教育本着"以人民为中心"的宗旨，全力"办人民满意的教育"。人民满意的教育是优质公平的教育，是"办好每一所学校""教好每一个孩子"的教育。谁来办好每一所学校呢？除了政府提供必要的条件外，"教师是立教之本、兴教之源"。那么，靠谁把广大教师组织起来呢？靠校长。有一位好校长，才有一所好学校。宁波基础教育高水平优质发展的伟大实践，亟需一批"教育家型"的优秀校长。正是基于这种思路，从 2009 年开始，宁波市就启动了"甬派教育管理名家培养工程"，2017 年 3 月启动了第二期工程。

　　一项人才培养工程能够持续开展十余年，并持续发挥重要作用，这本身就值得研究。长期以来，宁波市一直重视中小学校长和幼儿园园长队伍的建设，注重校（园）长成长规律和培训规律的研究，凭借宁波人"敢为人先"的创新精神，开创性地提出了教育干部培训的宁波模式和宁波经验，形成了"新任校长—合格校长—骨干校长—名校长—教育管理名家"的"五段三分双导"校长培养的完整体系。"甬派教育管理名家培养工程"位于宁波市教育干部培训"金字塔型"培养体系的塔尖，代表了宁波市教育干部培训工作的新高度，已经成为宁波市教育干部培训的新品牌。第二期"甬派教育管理名家培养工程"采用"双导师制"，聘请国内著名教育专家为理论导师，聘请全国有影响力的著名校长为实践导师，采用课题研究与经验提炼相结合的方式，来进行三年学习、两年展示的为期五年的培训，进而培养出教育管理的领军人物。这次出版的"甬派教育管理名家系列"丛书就是第二期培养对象经过三年学习，在名家的指导下，对自我教育实践进行提炼和提升的成果。

丛书的出版，虽然有种"立此存照"的意思，但更重要的是为了提供一种"本土经验""本土智慧"和"本土创造"。本系列丛书，有的是对办学实践的经验反思，有的是对办学主张的提炼梳理，有的是对办学理想的叙说表达……这些教育经验、教育主张、教育信念和教育理论，共同组成了新时代"甬派教育管理名家"的教育思想。细细品味丛书，我们可以清晰地感受到这批"甬派教育管理名家"办学思想背后的文化底蕴。

"知行合一，就是要行必务实。"本系列丛书的每一位作者都是宁波校长队伍中的优秀代表，他们的成长都建立在成功办学的基础上。每一本专著背后，都有一所或几所优质学校做后盾。从每一位校长的成长历程中，我们可以清晰地看到，"知行合一"已经成为他们共同遵循的基本观念。他们强调做实事、务实功、求实效，确保定下的每一件事能做到、能做好。他们强调"经世致用"学风，"务当务之务"，勇于任事，致力创新。本系列丛书记录了他们从理论到实践的行进方式，促进了宁波教育的率先发展，体现了"实践、认识、再实践、再认识"的实践论观点。

"知难而进，就是要行不懈怠。"本系列丛书在编写和出版过程中遇到的困难是显而易见的。从出版的数量上看，一项工程要出版20本专著，这在宁波市教育干部培训历史上是前所未有的。本系列丛书出版的组织者——宁波教育学院，坚持志不求易、事不避难，这种担当精神令人敬佩。从出版的质量上看，作为专著的作者，各位校长要从忙碌的日常管理工作中抽出时间是一件十分不易的事，而且在写作过程中还会遇到各种问题，这些对他们来说都是很大的挑战。但是，他们敢于直面挑战，勇于解决问题，把不可能变成了可能。因此，本系列丛书的成功出版，是各方知难而进、共同奋斗的结果。

"知书达礼，就是要行而优雅。"有着400多年历史的天一阁，是中国现存较早的私家藏书楼，也是亚洲现有较为古老的图书馆和世界最早的三大家庭图书馆之一。它使人们真切地感受到了书香宁波的特有气质。本系列丛书的出版既是对这种城市魅力的共建，又是对流淌在宁波教育人身上"书卷气"的共识。从工程一期的《我的教育思想》到这次二期的系列丛书的出版，反映了宁波教育人注重内涵发展、崇尚理性思想、爱好著书立说的优雅旨趣。翻开丛书，我们从字里行间都能感受到各位校长在办学过程中体现出来的崇文重教、崇德向善的教育思想和知书达理、彬彬有礼的人格魅力。

"知恩图报，就是要行路思源。"宁波人懂感恩、会感恩，本系列丛书的出版也是一种感恩回报。在工程的实施过程中，他们有幸得到了全国著名教育专家的指导；他们感恩各位导师的辛勤付出，珍惜与导师的深厚情谊。本系列丛书的出版是他们对导师最好的回报。他们有幸遇到了北京师范大学出版社，敬业勤勉的编辑老师的专业指导助推了丛书的顺利出版。他们感恩党和政府，正是在党的正确领导下，才实现了他们的个人价值。他们感恩教育本身，蓬勃发展的教育事业为他们提供了研究教育、施展才华和专业成长的沃土。本系列丛书的出版，必将对宁波教育的发展发挥重要作用。他们感恩所有关心、支持和帮助过他们的人，本系列丛书正是他们抒发这种感恩之情的载体。书中提到的每件事、每个人，其背后都是浓浓的感恩之情。

总之，"甬派教育管理名家系列"丛书的出版是宁波教育史上的一件大事，是宁波教育向中国共产党成立100周年的献礼之作，必将对宁波教育努力率先高水平实现教育现代化的新时代总目标发挥重要作用。

苏泽庭

2020 年 8 月

序二

2017 年 3 月，宁波市第二期"甬派教育管理名家培养工程"启动，29 位宁波市知名校长入围受训。此工程是宁波市加强校长队伍建设的创新之举，也是宁波市校长培训工作的顶端品牌，旨在落实"教育家办学"理念，通过培养一批"更加专业""更加卓越"的"本土教育家"校长，来领导宁波教育的创新发展。我受宁波市教育局、宁波教育学院、宁波市教育行政干部培训中心的委托，全权代邀 10 位国内著名的专家学者组成了一个专业的导师组；又因是宁波人的关系，被任命为组长。三年多来，经过面试面授、外出游学、著书立说、登台报告等环环相扣的程序，"甬派教育管理名家培养工程"已完成大部分的目标和任务，进入了最后的收官阶段。

回首当初，宁波市教育局、宁波教育学院、宁波市教育行政干部培训中心和导师组曾就此工程提出了"五个一"的目标，即每人申报立项一个课题，在核心期刊上发表一篇学术论文，每年外出短期游学拜师一次，撰写一部教育管理专著，举办一次办学思想研讨会。其中，最为重头也是最硬气的，就是要求第二批教育管理名家培养对象人人完成一部专著，即基于办学实际和对教育内涵、教育教学管理具体工作、办学育人规律的认识，对教育问题进行思考并总结行之有效的经验做法，通过思考、梳理、总结、提炼，结集成册，最后形成一本专著。令人欣慰的是，在宁波市教育局、宁波教育学院、宁波市教育行政干部培训中心的领导下，在导师组的精心指导下，29 位培养对象中，共有 19 位校长最终提交了书稿，编写成"甬派教育管理名家系列"丛书。由北京师范大学出版社正式出版，成为"甬派教育管理名家培养工程"的标志性成果。

30 多年来，我始终关注学校的发展问题，特别是校长这个学校发展的关键性和决定性因素。俗话说得好，"火车跑得快，全凭车头带"。从某种意义上说，校长的素质决定学校的发展，没有高素质的校长，就不可能有学校的可持续发展。近年来，大量的学校实践案例和校长实践经验，让我对"一位好校长就是一所好学校"这一信条深信不疑。这一点已在第二期"甬派教育管理名家培养工程"的培养对象办学以及他们各自的专著中体现出来。2020年9月15日，《教育部等八部门关于进一步激发中小学办学活力的若干意见》(以下简称《意见》)发布，明确提出注重选优配强校长，努力造就一支政治过硬、品德高尚、业务精湛、治校有方的高素质专业化校长队伍。这是激发办学活力的关键性因素。《意见》不仅增强了实施"甬派教育管理名家培养工程"的信心和决心，也给未来中小学校长的选拔、培养与使用提出了新的目标和要求。

关于校长的素质特征、能力表现等，我结合近年来自己的研究，认为现在衡量和评判校长水平高低的重要标准或指标有了变化，除了显性的办学成就和管理水平外，还要看他教育思想的整体性、系统性和集成性，看他办学思路的完整性、清晰性和流畅性，看他育人成果的全面性、发展性和创新性。这些标准或指标，以往可以体现在学校章程、发展规划、年终总结或述职报告等载体中，如今必须通过系统思考、全面梳理和总结提炼，形成办学育人的规律性认识以及体系化建构，最终集合成综合性论文或学术专著来展示。这也是我们在第二期"甬派教育管理名家培养工程"中如此重视和强调著书立说的原因。

鼓励和引领校长去著书立说，在实际操作时容易走向功利化境地，对此社会上和教育界内出现了不少反对的声音。尽管我也特别反对教育中各种功利化的做法，如校长为出书而出书，但我还是会建议校长随时对自己的办学思路、行为及其结果进行思考、总结、梳理和提炼。这既是校长的基本功和校长专业发展的必修课，也是加强校长队伍建设的重要任务。那么，如何做好这一项工作？在此，我用教育管理名家的"名"字做些发挥，谈谈自己的三点体会，同时也表明我对"甬派教育管理名家培养工程"的认识、态度和立场。

第一，要弄清楚因何而"名"。所谓"名"，是指知名、著名。校长有名，实指校长声望高、有影响力。在现实中，名校长包括两层含义：一是名校的校长；二是知名或著名的校长。二者往往又是可以转化的。校长先担任名校的校长，再在办学上有所动作和贡献，使自己成为知名或著名的校长；也可以是知名或著名的校长执掌一所学校，把学校办成名校，使自己成为名校的校长。学术界给出了很多关于名校长的定义和主要特征，但从总体上看不外乎三个方面：一是办学成功，二是思想定型，三是影响力大。"甬派教育管理名家培养工程"的培养对象都或多或少地具备这三个方面的特征。

我一直认为，名校长是一个发展性的概念。任何事物的发展都是由量变到质变的过程。一位校长的成功与成名也是一个积累和发展的过程，不可能一夜成名。任何一位名校长，都是其办学思想和办学业绩得到广泛认可后才逐渐成名的。教育行政部门对名校长的认定只是一种形式。从根本上讲，名校长不是自封的，也不是任命的，而是社会公认的。名校长在被教育行政部门认定之前就已经在教育界和社会上具有一定的名望。名校长的"名"应是一种社会影响和社会认可。引导和鼓励校长成为名校长，可以使校长有更高的追求和境界，从而把学校办得更好。

第二，名校长要擅长"明"。一位优秀的校长必须有独具特色的教育思想并身体力行。苏霍姆林斯基根据自己多年从事校长工作的实践经验，提出领导学校，首先是教育思想的领导，其次才是行政上的领导。这是一个十分重要的观点，也是校长管理学校的客观规律。教育家是实践家，衡量教育家的首要标准就是他们在教育实践工作中的成绩：或育才有方，或治校有方、成绩突出。名校长都是成功的校长，是治校有方、办学成绩突出的校长，理应被称为教育家。教育家要有自己的办学思想，甚至有的教育家还创立了新的教育理论。他们都必须亲身从事教育实践，把办学思想和新的教育理论用于教育实践并且取得显著的成效，否则就不能被称为教育家。这是所有想成为名家的校长们必须懂得的道理。

"明"就是要明理。明理是指读书人要达到一种通达慧明、明晓事理的境界。名校长要明以下三方面的理。一是教育之理，说的是教育的本质特征。《说文解字》对"教育"之理讲解得非常精辟："教，上所施下所效也""育，养子使作善也"。这两句话表明育人是教育的本质。二是办学之理。办学是有规律可循的。办学规律及其衍生出来的运行体系、体制和机制等，都是办学之理。三是育人之理。弄清楚"培养什么人"的问题，这是教育的首要问题，同时还要弄清楚"怎样培养人""为谁培养人"等问题。这三个问题构成育人的有机整体，不可分割，只有如此才能培育和造就全面发展的人。名校长还要善于捕捉代表时代发展和前进方向的新思想、新观念，善于用批判的眼光、理性的思维去分析教育的问题，对自我教育行为进行反思，不断深化对教育的规律性认识。

第三，名校长要善于"鸣"。鸣，就是发出声音。意思就是，名校长要善于表达，善于发表自己的意见和主张，引导舆论，营造氛围。"千线万线，只有一个针眼穿。"千线万线指的是各种各样的政策、理论、理念和方法；这个针眼是指学校实践，任何政策、理论、理念和方法都要通过学校实践来落地实现。当下，名校长必须把以下问题的落实和解决作为己任，下足功夫，写好文章。一是全面贯彻党的教育方针，建立健全立德树人教育机制，大力发展素质教育，着力培养学生的社会责任感、创新精神和实践能力。二是深化教育教学改革，不断推进课程改革，优化教学方式，探索因材施教的路径、机制和策略，创建适合学生发展的教育体系。三是注重理论与实践的结合。校长要用科学的理论指导教育教学实践，要通过实践总结创造出新的科学理论，从而再用新的理论去指导新的实践，提高办学育人水平；同时，还要结合时代和教育的发展，不断融入新的元素，寻找新的增长点，实现发展目标。四是善于传播先进的教育思想理念，既能用自己先进的教育思想和教育价值去影响教师和改造教师，促进教师教育观念和教学行为自觉地转变，又能科学引导家长和社会树立正确的教育观、育人观，努力营造良好的教育生态环境。

陈如平

2020 年 9 月

静悄悄的超越

彭钢

2019 年 10 月 22 日，我的三个校长"学生"乘火车从宁波赶到南京，住在秦淮区的一个酒店里。在我的记忆中，他们住的房间很小，我们四个人坐下后显得十分拥挤。我们用了 6 个多小时的时间，沟通这本专著的修改意见。方松静静地做记录、回答我的问题，全程只起身帮我们倒过几次水。

方松是浙江省宁波市奉化区奉化高级中学的校长，进入"甬派教育管理名家培养工程"时，他刚刚调到奉化高级中学不到一年，在此之前他已先后担任过两所学校的校长。接触下来，他给我的总体印象是比较低调、比较安静，不显山、不露水。他话不多，每次回答问题一两句就结束，也从不多嘴。他很少有强烈反应，哪怕你的意见再尖锐、再精彩，他依然十分冷静，静静地看着你不吭声。当然，我知道我的意见他都听进去了，而且记得很牢，做得也很实在。他的平和、淡定和沉着让他有一种沉稳的气质。来到奉化高级中学的四年里，他坚持每天早上六点半到校，晚上十点离校。相信有如此勤勉、努力、稳重的校长，学校也一定会越来越好。

方松的沉稳，突出表现在他对学校发展的战略思考和顶层设计上。2017 年 4 月我到奉化高级中学时，他给我看的第一份材料就是他进校后在现状调研的基础上所形成的品牌建设规划——《构建雅美特色，推进学校品牌建设》。规划中明确指出，奉化高级中学致力于从"雅志、雅趣、雅行、雅言"切入，培养德、智、体、美、劳全面发展的人。几年下来，经反复修改和完善，已演化为"人文高中"的学校定位：以人文精神的追求为核心价值观，以"做最好的自己"为学校精神，建构"文以化人，为成长而教育"的课程愿景，致力于建设"人文涵养、个性发展"的学校课程体系，走一条"人文高中"的办学之路。坚持以人为本，回归育人初心，培育时代新人，是他三年培训下来的最深感受。

方松的专著选择了"课程领导"这一主题，让我既喜又忧。喜的是我知道他希望通过这部著作，系统总结奉化高级中学学校课程开发的实践与成效，通过这种方法让自己有所学习、有所研究、有所提高，进而提升到"课程领导力"的高度，这是正确的也是勇敢的选择；忧的是这一选题需要比较丰富的课程知识和课程理论涵养，不然很难表述得专业、准确和周延。方松为了这本著作参阅了大量文献，精神可嘉。这本著作的价值不仅体现在大量引用的专家关于课程的学理性表述上，更重要的是它结合奉化高级中学课程建设的实践，形成了课程认识和理解上的新"超越"，具体表现在以下三个方面。

第一，对学校课程领导力的认识实现了超越。我们一般比较容易混淆校长领导力和课程领导力，普遍认为只有校长才有课程领导力，而教师只有课程执行力。这样的理解导致了课程领导力与"行政权力"和"管理权威"等同起来，以行政命令方式推进课程与教学改革，常把好事办糟。课程改革有时确实需要借助行政权力来启动和推动，但行政权力和课程领导力在本质上是完全不同的两种事物。我认为，课程领导力具有专业性、团队性和对话性的特征。所谓专业性，是指课程领导力的本质是以专业知识和专业能力去影响和推动他人的，而非通过权力；所谓团队性，是指课程领导的主体不是校长个人而是专业领导团队，课程领导在学校里不是以集权的方式而是以分布的方式发挥作用，这是专业性的必然要求，因为没有任何一个人能够精通所有学科和所有专业；所谓对话性，即课程领导是通过研讨、对话、沟通和探究的学术方式来实现的，而不是简单的"上传下达"就能够解决的。方松在这本著作里显然超越了课程领导是行政领导的认识，不仅论述了课程领导力是一种专业领导力，而且课程领导的方式通过多元主体来推进，其中教师不仅是课程执行者更是课程领导者，还论述了校外专家参与学校课程建设的实践。这本著作的最大特点是专辟两章来论述学生和教师在课程建设课程领导中的作用。同时奉化高级中学所建立的学校课程管理、评价与审议制度和组织，就是要建立制度化的课程对话、研讨、交流的渠道和方式。

第二，对学校课程规划的认识和实践实现了超越。学校课程规划是对学校课程建设和发展的顶层设计,是体现学校教育哲学、发展愿景和办学特色的重要载体,是学校课程重大决策的设计蓝本,也是体现学校课程行为(课程理念、课程目标、课程开发、课程实施、课程评价等)的规范要求,其重要性不言而喻。从本质上看,没有课程规划就没有课程领导。因为课程规划体现了学校领导对学校课程的重大决策,而且是非常规性的决策,体现了全校师生课程发展的共同愿景。该著作第三章阐述了校本课程的决策与规划,从学校"校本课程方案的编制"到学校"制定校本课程规划",其中专门论述了"校本课程决策剖析"。本书列举的奉化区第二中学和奉化高级中学课程规划的案例标志着这两所学校课程建设实现了真正意义上的课程领导。

第三,对课程开发的认识和实践实现了超越。课程开发尤其是校本课程开发是奉化高级中学长期以来建设的重点和亮点,形成了在国内外有影响、有特色的校本课程——"奉化布龙"和"刮版画"。学校是培养人的地方,而且主要是为国家培养社会主义事业的建设者和接班人,所以国家课程的开发和实施在任何时候都是学校工作的重中之中。其实在第一章中,方松就从普通高中课程改革的全局视野考察"校本化"的必要性与可能性,专门阐述了核心素养的落地与学校课程建设的关系,把"校本化"定位于国家课程的高水平实施与开发上。第三章的课程规划,首先是国家课程开发与实施的规划,该章中提供了一张"奉化高级中学 80 门知识拓展类选修课程设置"的表格,就是围绕"国家课程"进行的系统化的校本开发。再精彩的校本课程开发都是局部的精彩,都无法全面提升学校课程的品位和质量。

最近我与方松通了电话,聊到"人文高中"特色建设的定位。他在电话里明确说:"学校课程建设的重点首先是人文学科如政治、语文、历史、地理等国家课程的建设,然后才是理科的各门国家课程培养学生的人文精神阶段。"我为他的清醒认识而高兴,更为他三年中所实现的超越而高兴。

(作者为国家督学、江苏省教育学会副会长、江苏省教育科学研究院研究员)

目　录

CONTENTS

第一章
必要与可能：课程领导力校本建构的现实意义

在新课程全面实施的过程中，普通高中办学水平的提升程度不同。目前，多样化、特色化、优质化普通高中的发展与建设速度不断加快，成效明显，不过并不能掩盖普通高中发展建设中存在的问题。从促进教学与课改、全面推动学校发展方面来看，学校课程领导力及课程领导共同体至关重要。各类教学评价有效性因子与教师群体参与课改、课改面临的内外环境、课程领导力品质及课程实施与推进力均存在着联系。从实践来看，教学有效性与课程领导力之间存在客观的内在联系，学校发展的好坏明显取决于课程领导力的强弱，二者之间存在正效应关系。基于普通高中特色化、多元化发展及招生考试制度改革的需要，我们必须全面思考并实施课程领导力。课程领导力校本构建有什么样的实际意义，是本章需要阐述的重心。基于普通高中课改推进过程中面临的现实困境，本书对国家课程政策的重新调整及学生核心素养的培养展开深度分析，从普通高中层面对建设校本课程的必要性和提升课程领导力的可能性展开论述。

课程改革推进中存在的问题

无论是理论体系还是实践实务，中国特色社会主义发展目前已进入新阶段，因此必须形成新型人才培养标准与模式来适应这种新阶段。2001年，我国正式开启国家基础教育课改试点，校园延伸、归纳推进、初步完善分别于2004年、2010年、2011年实施，修订义务教育阶段课程标准及实验均于2011年完成。① 截至2014年，五个统筹得到进一步拓展、深化，普通高中教材和课程目标修订于2017年全面展开。在此过程中，成效理想、收获丰厚，但在积累诸多经验的同时也面临着各种困境。

《国务院关于深化考试招生制度改革的实施意见》于2014年9月印发，该意见指定了两个先行试点地区，即浙江省和上海市。"7选3""6选3"两种高考招生考试模式分别在两地推出，基于公正、公平原则拓展教育选择性，将更多自主权赋予大学、考生是这两种模式的核心理念。为有效完成"三位一体"的多元招生考试评价体系的构建，就此全面促进大学能够筛选出符合自身培养目标的生源，促进素质教育在中学全面实施，浙江省对"三位一体"招生改革制度进行了充实、完善，推动学生以全面发展为基础充分发挥自己的特长和个性。这种招生制度的改革就要求普通高中必须有效设置和建设课程，呼应招生考试改革。要达成教育目标，必须着眼于课程建设，这也是办学的基础与核心。从课程设置与实施实践来看，新高考改革方案让学校的话语权、自主权变得更充分，不过也让学校遇到了前所未有的挑战。

---

① 王中华、熊梅：《新课程改革推进中存在的问题、成因及对策》，载《教育理论与实践》，2013(8)。

一、高考改革政策下高中课程改革的挑战 >>>>>>>

课程改革成败检验的唯一标准或基本标准就在于对"上好大学"这一社会祈求做出有效回应，而不宜以降低高考成绩为代价。[1] 2018 年，基于《奉化区普通高中课改适应新高考的校长访谈提纲》(自编)，编者就开设选修课、学生选科能力、选科走班等问题和本区普通高中校长进行过深度交流，通过交流发现影响课改初衷的问题主要源于两方面。

(一)高考新政对课程设置的影响

教育部于 2003 年发布的《普通高中课程方案(实验)》和普通高中各学科课程标准(实验)已在各普通高中普遍实施，而且无论是必修课还是选修课均已开设。《普通高中课程方案和语文等学科课程标准(2017 年版)》现已成为各普通高中校长热议的焦点。从形式上看，本区普通高中课程设置与教育部颁布的文件要求基本吻合。不过从实践来看，高考制约依然无可回避，体现地区教育政绩、普通高中办学水平的一个硬性指标——高考升学率，影响依然深远。

(二)高考新政对教学管理的影响

学校教学管理难度在选科自由与多样化组合前提下急增是实施高考新政后学校面临的第一个考验。表 1-1、表 1-2 为 2014—2017 级学生(奉化高级中学)选科及选考组合情况的统计，学生多样化选科实况从中可以得到全面体现。

表 1-1　2014—2017 级学生选科选考情况统计表　　　　单位：人

届别	总人数	物理	化学	生物	政治	历史	地理	技术
2014 级(2017 届)	570	77	166	446	241	213	295	272
2015 级(2018 届)	554	24	268	409	348	300	149	164
2016 级(2019 届)	492	80	233	208	287	210	198	260
2017 级(2020 届)	486	117	143	125	200	282	321	270

---

[1]　张文辉：《新高考改革下高中教学管理面临的挑战与机遇》，载《高考》，2018(24)。

表 1-2　2014—2017 级学生选科选考组合情况统计表　　　　　单位：人

年份及人数	选科选考科目及人数						
2014级（2017届）总人数 570	化生地	化生技	化生政	化史技	生地技	生史地	生政地
	52	56	48	2	46	74	40
	物生技	政地技	政史化	政史技	政史生	生政技	物化史
	39	1	1	37	50	38	2
	史地技	史地政	物地技	物化地	物化生		
	19	29	32	1	3		
2015级（2018届）总人数 554	化生地	化生技	化生史	化生政	化政技	化政史	生史地
	52	29	52	56	23	48	21
	物化史	物生地	物生技	物生史	物生政	物史技	物政地
	1	3	5	1	1	1	1
	生史技	生政地	生政技	生政史	物化地	物化技	物化生
	30	44	33	78	1	3	2
	物政史	政地技	政史技				
	2	27	40				
2016级（2019届）总人数 492	政史技	政史地	政地技	物政技	物生技	物生地	物化技
	54	8	9	19	15	1	3
	生史地	生地技	化政史	化政技	化政地	化史技	化史地
	29	3	41	25	24	3	28
	物化地	物地技	史地技	生政史	生政技	生政地	生史技
	1	41	4	36	36	3	1
	化生政	化生史	化生技	化生地	化地技		
	36	1	23	21	27		
2017级（2020届）总人数 486	政史地	生地技	生政史	政史技	物地技	化地技	化史地
	44	35	43	39	65	55	41
	化政史	化生政	史地技	生史地	化生地	物政地	物史地
	36	1	33	41	1	36	1
	物生技	物生地	物生史	物政史	物化技	物化地	物化史
	1	2	1	1	6	2	1
	物史地						
	1						

普通高中课程领异力的校本建构

面对教学资源(教室、教师等)需求量迅速增加的现状，学校的难题是怎样有效满足所有学科组合的考试需求和各时段内学生的学习需求。学校在这方面存在较大的组织和管理难度，也在无形中承担了更大的教学压力。

二、校本课程开发的经验与问题 >>>>>>>>

(一)学校课程建设中的突出问题

从学校现有的课程设置方面来看，课程建设中突出的问题依然比较多。课程改革会在处理各类问题的过程中持续前进，新动向、新趋势也会逐一呈现。

1. 价值引领缺失

学校课程建设未能充分体现学校文化传统，不符合育人目标与办学理念，不能实现"立德树人"的教育宗旨，"为了谁"目标模糊。实践表明，在课程建设过程中，课程建设的意义、目的与价值遭到了忽视，只是为了课程而课程，基于课程特色而对特色化追求过度。

2. 体系构建不完善

课程建设的体系存在明显的点状式、碎片化现象。在课程建设的推进过程中，三级课程内在联系不紧密、逻辑关系比较模糊。校本课程开发过程中忽略整体架构、只重数量的学校并不在少数，特别是办学目标与办学理念遭到弱化，整体架构缺失。

3. 课程整合乏力

学科化趋势明显，并没有全面落实改变课程结构过于强调学科本位、科目过多和缺乏整合的现状。

(二)校本课程开发中的实践样态

学校工作的重点是开发校本课程。根据学校现状开发校本课程的学校比较普遍，成效显著，多样性目标基本得到了实现。

1. 散漫型

学校对校本课程开发放任自由，校本课程开发处于自发状态，有什么样的课程资源就开发什么样的课程，造成校本课程开发任务通常由具有某方面专长的教师承担。① 从开发内容方面来看，兴趣小组、活动课或选修课开发受到更多关注，标准化活动课与选修课开发成为重点。

2. 追赶潮流型

开发校本课程实践存在"什么课程时尚，便进行什么课程开发"的问题，家长、学生、教师及课程专家参与不足，学生需求、学校课程基础被忽视，没有全面、充分地分析学校办学所受学校外部文化、经济与社会发展变化和学校教师、学生需求及所处社区等方面的影响，也未有效评估开发课程的价值，校本课程开发处于随机状态，目标与方向并不清晰，追赶时尚现象比较突出。

3. 顶层设计型

学校以自身发展、教育发展需要为基础进行综合规划设计，主动开发校本课程。自从作为办学特色关键路径与重点的校本课程开发走进各界视野以来，部分学校以学校特色化发展理念为校本课程开发宗旨，重点为"办什么样的学校、培养什么样的人"这类办学目标服务。《中国学生核心素养发展报告》问世以来，部分学校开始深入分析、践行学生核心素养培育方面的校本课程开发，并重点研究了其课程体系、结构、模式及具体实施路径等。

（三）校本课程开发中的普遍问题

校本课程开发过程中，教师、学校理念观点难以统一，许多问题相继出现。

1. 理念倡导过度，整体认识不足

在校本课程开发实践中，强调理念倡导的学校并不在少数。这类学校并未深入分析在校本课程开发实践中怎样落实学校课程目标，通常只是以本校办学宗旨为基础而提出课程目标，致使课程目标无法通过校本课程开发、实施等手段来实现。课程规划设计过程中没有充分体现出课程内容、课程目标、办学理念三者之间关系，没有回答"培养什么样的人"的问题；忽略和课程建设有关的诸多任务(比如课程内容的整合、师资力量的培养与提升、课程资源的开发利用等)，而只从课程内容方面考

---

① 郑志生、邹志辉：《校本课程开发的复杂性审视及策略》，载《课程·教材·教法》，2018(8)。

虑，从而导致了以系统设计为基础让校本课程开发拉动学校整体工作的改革和推动学生成长方面思考不足等问题的出现。

2. 形式化表现突出，内在规律研究乏力

有的学校在校本课程开发时并未探索教学模式与学习方式的变革，仅改变表面形式，从而导致在培养学生方面通常表现为"自说自话"，研究浅尝辄止，仅停留在"应然"层面。还有的学校并未研究教学、学习方式转变的问题，有的甚至没有改变课程内容，而是以某课程对学生某种素养或能力具有培养效果为借口，建立起自我感觉良好的"富有特色的学校课程体系或结构"，没有全面探索、思考有关校本课程开发的跨学科主题学习、非认知学习、深度学习等问题，所谓改变具有表面性、形式性特征。

3. 地方、国家课程校本化发展弱化，只关注自主课程开发

校本化改造国家课程、地方课程和自行开发与管理校本课程，是校本课程开发的完整内容。所以，校本课程开发包括两个基本路径：其一为地方课程、国家课程校本化；其二为学校课程自行开发。校本课程开发应将学校课程自主开发与地方课程、国家课程校本化三者整合成一体，以此打造课程开发合力。之所以如此要求，主要是由于国家课程计划的主体依旧是国家课程的校本化实施，学校自主课程开发比例极低，在学生的教育与成长过程中仅具补充功能。不过部分学校、教师却狭隘地认为校本课程是学校的自主课程，主张校本课程开发属于"地方课程、国家课程的重要补充"，将三者之间的关系人为割裂，并在注重学校自主课程开发过程中弱化国家课程、地方课程，没有从全局上思考分析三者之间的融合途径与合力形成机制，也没有分层次、全方位思考三者的具体实施。

割裂、点状情况在校本课程开发实践中比较突出，线性、静止、片面、单一、封闭性思维是导致这种现象的主要原因，亟待转变。

第二节

国家课程政策的重新调整

∨
∨
∨
∨
∨
∨

　　为满足课程对不同地区、学校和学生的发展要求，实行国家、地方和学校三级课程管理。国内课程转型自此正式开始，开放、共享课程成为这种转型的基本目标。新型课程领导就此出现，课程领导取代课程管理也因此具有了必然性。

　　推动普通高中千人一面现象的改变，为普通高中特色化课程体系构建提供全面支持，支持学校以国家课程方案为指导，从学校所处地区及定位入手着力进行包括校本课程、地方课程与国家课程的特色化课程体系构建，对特色课程做出立体性规划，以此凸显学校办学特色，这是《国家中长期教育改革和发展规划纲要(2010—2020年)》的主导思想。作为校本课程开发支持系统的课程领导力能有效保障课程开发和发展的平稳进行。

　　《普通高中课程方案和语文等学科课程标准(2017年版)》的颁布标志着国内普通高中教育自此进入新时代。学校必须以此为契机全面培育新理念、建立新体系，着力进行新型教学结构和评价机制的构建。要实现这些目标，学校管理层必须全面理解、吃透最新版课程标准主旨，以此深刻把握新课程标准的整体内容，要深入探讨课程的内容、实施与评价，这也和课程领导力具有某种实质性的内在联系。[①]

　　浙江省深化普通高中课程改革的"主线"体现在以推动学生全面发展为前提来提高选择空间。学校有必要获得更多的课程设置权，同时还要基于办学特色、实际情况完成课程方案自主设计，进行多元性课程体系构建。浙江省深化高校考试招生制度综合改革同样落实"提高选择空间"

普
通
高
中
课
程
领
导
力
的
校
本
建
构

---

① 　郑志辉：《课程实施中的教师培训研究》，博士学位论文，西南大学，2010。

这一基本要求，设计了符合实际的"选考＋必考"模式，使学考科目与高校专业挂钩，意在使学生可以从个人特长、爱好、兴趣出发选择考试科目。课程管理者需要重点分析普通高中如何有效衔接考试招生制度改革与课程改革问题，还需基于学校现状对生源、师资力量等进行全面分析，将选修课程课时有效利用起来，推动课程体系的合理运行。

一、《普通高中课程方案和语文等学科课程标准（2017 年版）》的实施 ＞＞＞＞＞＞＞

采用《普通高中课程方案和语文等学科课程标准(2017 年版)》(以下简称《课程方案与标准(2017 年版)》)势必会对普通高中教育的发展产生深刻的影响。原因主要表现在：首先，《课程方案与标准(2017 年版)》是基于国内实际情况来设计与修改的，引进了国际现代教育经验，所以其完善性、先进性、科学性更突出；其次，教育主管机构、学校管理机制的持续完善进一步提高了各方管理水平，《课程方案与标准(2017 年版)》成为所有学校学习、研究的重点，学校在全面实施的基础上开展教学评估、督查，从此提高了执行力；最后，教育基础更加扎实的学校、地方对《课程方案与标准(2017 年版)》寄予了厚望。

从学校层面来看，还需要做出如下努力。

1. 着力促进新观念体系的形成

《课程方案与标准(2017 年版)》所追求与坚持的价值观是其灵魂与核心。核心能力、学科素养、立德树人等实实在在成为课程方案与标准全程关注的重心，而不再局限于标签或口号。学校更希望能以《课程方案与标准(2017 年版)》及点滴探索经验为基础建立符合学校现状的完整、系统、现代化的教育观念。

2. 着力完成新的教学结构设计

上一轮教学改革积累了很多教学改革经验。结构性建设取代环节性变革成为未来改革发展的新目标，持续性探索也将就此步入相对稳定阶段，这也是贯彻执行《课程方案与标准(2017 年版)》的基本目标。学校贯彻实施《课程方案与标准(2017 年版)》的主导思想就是以新型教育教学秩序、结构建设为目标，进行综合设计、整体推进。

3. 重点进行新评价体系的设置

纳入学业质量标准是《课程方案与标准(2017年版)》的重大进步，极具历史意义。新评价体系构建并非单纯的属于顶层决策者、设计人员或考试机构的工作，而是教育系统乃至所有人的目标。在拟订实施方案的过程中，学校必须思考、回答下列问题：校内外优质平台如何搭建才能多元化地外化、展示、评价学生潜能？综合素质评价的改进、完善办法是什么？高等教育机构应用综合素质评价结果的方法是什么？如何提升高中教师命题能力？如何改变高中师生、家长的质量意识？如何提升、强化地方学业水平考试组织能力？学校管理人员必须深入研究《课程方案与标准(2017年版)》，理解其核心内容。

二、《普通高中课程方案和语文等学科课程标准 (2017年版)》对课程结构的调整

(一)普通高中课程结构

在义务教育基础上持续提高学生的综合素养，使学生的核心素养成为培养的重心，让学生具备沟通合作能力、自主发展能力、终身学习能力与科学文化素养、社会责任感及远大的理想信念，这是普通高中课程的基本功能。

普通高中课程的组成部分包括选修课程、选择性必修课程和必修课程。表1-3即2017年版普通高中课程计划与学分结构安排方案。

表1-3　　2017年版普通高中课程计划与学分结构安排

单位：分

科目	必修学分	选择性必修学分	选修学分
语文	8	0～6	0～6
数学	8	0～6	0～6
外语	6	0～8	0～6
思想政治	6	0～6	0～4
历史	4	0～6	0～4
地理	4	0～6	0～4
物理	6	0～6	0～4

科目	必修学分	选择性必修学分	选修学分
化学	4	0～6	0～4
生物学	4	0～6	0～4
技术（含信息技术和通用技术）	6	0～18	0～4
艺术（或音乐、美术）	6	0～18	0～4
体育与健康	12	0～18	0～4
综合实践活动	14		
校本课程			≥8
合计	88	≥42	≥14

  国家教育主管部门基于学生综合发展需求所设置的必修课程是每一名学生的必修课程，属于普通高中学生成长发展的共同基础，没有选择空间，必须学习。共同基础的含义包括三个层面：其一为学生发展共同基础，其二为社会生活共同基础，其三为学科知识共同基础。必修课程要将最有价值的人文科学、社会科学和自然科学公认的学科观念提供给学生，这样才有利于学生学科观念与思维的发展，也有利于培养学生处理问题的能力。还要将职业生活、社会生活及人际交往的共同基础提供给学生，这样有利于促进学生职业与生活素养的发展与提升，能让学生更好地适应未来职业需要与社会生活。只有将自我发展的共同基础提供给学生，学生对自我的认识、理解与自控才具有现实可行性，也才能实现"自我智能"的发展，从而促进其人生规划与自我选择智慧的提升。

  升学考试与学生个性发展需要是教育部设置选择性必修课程的参考依据。任何一名参加高考的学生都必须从选择性必修课程中选择有关修习科目；即便不参加高考的学生同样也要修习一部分科目，否则无法达到毕业学分方面的相关标准。双重性是选择性必修课程的一种基本属性：一是限定选择属性，这种属性就是将某一学科当成高考选考科目，实质上就是所谓"3＋3"模式中后面那个"3"所涉及的相关科目，它不但符合高校招生的需求，也与学生个性发展与初步的专业定向需要相适应；二是选择自由属性，也就是说，高考选考科目与学生的学科选择不完全挂钩。

  学校从实际入手设置选修课程，此类课程非强制性的修习课程，修习完成与否由学生自行决定。此类课程通常包括两部分：其一，学校以办学特色，本地文化、经济及社会发展需求，学生多样化需求等为依据而设置的校本课程；其二，基于必修课程与选择性必修课程而由国家开发的整合、提升、拓展类课程。选修课程的典型特征表现在"连接学习"，也就是说，它不但要奠定学生未来职业生活、社会生活的知识基础，还要促进学生积累大学知识，超前奠定大学成功的基础。

（二）三类课程的整体育人功能

存在内在关联的选修课程、选择性必修课程和必修课程三类课程共同实现育人目标。

1. 相互影响、相互渗透，具有同一课程理念——学会选择、创造

选择的理念、精神可以通过必修课程体现出来。也就是说，学生既可以自由选择学习顺序、方式等，又可以自由选择学科内容进行学习，体育、艺术类学科就是如此。而且选修课程来源于必修课程，其基础性同样是客观存在的。课程功能的定向差异是选修课程与必修课程的不同之处，但课程理念是相同的。

2. 螺旋式上升、生长关系

选修课程、选择性必修课程和必修课程三者之间本质上属于一种螺旋式课程组织模式。选择性必修课程来自必修课程，选修课程则源于选择性必修课程和必修课程。学生学科核心素养的发展等级与上述关系互相呼应，而且从学习方式来看，"持续性实践，反复不断地探究"诉求得到了有效满足。

3. 学校、地方和国家分享与交流课程决策权的体现

国家是选择性必修课程和必修课程的开发者，学校与地方相关部门合作，在此基础上对其展开校本化创生与实施。[①] 深入课程改革的一个基本目标是将充分合理的课程自主权赋予学校。普通高中课程的主导者是高中教师。完成普通高中特色化课程体系设置，这不但是课程改革的长远目标，也是普通高中教育步入专业化发展轨道的典型标志。

---

① 朱洪翠：《课程校本化的开发与实施研究——基于深化基础教育课程改革背景》，载《教学月刊（中学版）》，2014(12)。

三、浙江省深化课程改革的推进 >>>>>>>

浙江省普通高中课程改革的"主线"就是在推动学生全面发展的前提下完成选择性设置。"浙江模式"是一种区域性推进模式，是以政府主导为基础、以学校为主体的各方共同参与的方式。区域整体推进、全员参与是其基本特征。制度保障、实践探讨、理论分析是其课程改革的基本原则。

（一）课程改革给普通高中教育带来的变化

"减必修增选修，实行选课走班，学生人人拥有不同的课程表，高中生能有机会学习自己想学、有能力学、学得好且对实现自己志向有用的东西"为课程改革的基本目标，并且这一目标得到了切实的执行。全省师生已普遍认可并接受课程改革思路，师生观念正在逐步转变，这主要表现在课程改革参与的主动性方面。浙江省还开展了省级层面的分析论证：(1)对决策方案的合理性、科学性展开充分调研；(2)主管机构领导、学校主要领导及教师培训全面、全员、分层次、多元化展开，以此增强管理层课程改革的理念与执行力，促进教师以课程改革挑战为切入点提升个人教学水平与专业素养、业务水平；(3)基于课程改革的实践指导与理论研究，以及措施可操作性、决策科学性提升需要，全省普通高中课程改革实验基地学校筛选工作在课程改革启动过程中同步完成；(4)基于不同类型、不同层次设置研究项目，将其驱动、引领、示范功能体现出来；(5)初步建立监控、管理与评价系统；(6)在办学条件、发展水平的差异化发展形态的基础上，通过区域性分步推进、分类指导课程改革实施办法完成特色与重点的构建；(7)完成课程结构体系(多元整合)的设置。

1. 加强学校课程顶层设计，学校课程多样化、特色化初露端倪

向学校下放课程设置权，学校应从办学特色与现状入手设计校本课程开发方案，构建多元化课程体系，这是浙江省课程改革的基本思路，也成为众多学校工作的重点。各学校纷纷基于本校实际对生源、设备、师资和办学历史等展开全面分析、思考，提炼办学宗旨，在此基础上客观而谨慎地提出将各自的培养目标和办学方向相结合的目标。各学校主张在和校园文化相融并在凸显办学特色的基础上进行学校课程体系构建。

全省普通高中自2012年以来已基本完成学校课程方案的开发制定，课程设置、课程实施及课程体系的多样化、特色化特征也就此逐步显现出来。全省普通高中教学管理制度、选课走班方式、三年教学计划自高校考试招生制度综合改革试点工作实施以来产生了巨大改变。从选考科目的选择结果来看，学校不同，学生选择的差异性也就比较明显。

2. 加强学校选修课程建设，为学生提供课程选择机会

浙江省课程改革深入进行的难点与重点主要是开发选修课程，课程的丰富程度决定着自主选课的落实。选修课程的开发已受到省内各普通高中的高度关注，各高中充分调动社会资源，要么通过利用大学资源进行大学选修课程的开发；要么以本地著名企业、产业基地所具有的技术因素为基础，和各类社会团体展开校本课程的开发合作；要么以本地职业教育资源为基础全面深入地进行普职校际合作。全省选修课程开发成效显著，开发选修课程超过百门的学校比比皆是，而且课程种类极其丰富。门类齐全、特色突出的各种选修课程受到了学生的欢迎。为全面解决城镇薄弱学校与农村普通高中条件不足及课程资源薄弱等问题，浙江省教育厅面向全省开展网络课程征集，建立了普通高中选修课程学习平台，供全省普通高中免费下载使用，促进优质课程资源共享。

3. 大力推行选课走班，全面推进个性化学习

从本质来看，选课走班充分尊重了学生自主选择权。浙江省深入推进高中课程改革，2012年提出学校选修课程每周开设的课时标准至少为一周课时的20%，而且明确规定选修课程采用选课走班策略。[①] 全省2014年共设立16所必修课程走班教学试点学校。普通高中教学过程中的新常态——走班教学(体艺分项、选修分类、必修分层)现已基本形成。从统计数据来看，选课走班策略全面激发了学生的选课热情，进而带动了课堂教学改革。此前一直沿用的灌输式、说教式教学方式被改变，探究、合作、自主型学习模式被全面应用，学生的学习主体地位得到了体现。

4. 改革教育教学评价，多元评价体系逐步建立

各普通高中全面采用学分制，拟订引导学生进行个人修习的方案，

---

① 孙光明：《浙江高考综合改革试点的实践、问题与展望》，载《中国考试》，2016(7)。

认可并支持学生提前毕业时间；开展学生综合素质评价制度的设计与构建，基于简便实用、公开公正、民主评定、客观记录、全面评价方针，将所有学生的典型表现通过写实法准确、客观、完整地记录下来，采用民主评定方式从创新实践、艺术素养、运动健康、学业水平、品德表现等维度对学生的综合素质进行评价。[①] 此类鲜活生动、富有原创性的经验学术价值高，生命力旺盛。

（二）普通高中学校如何做到课改与考改的有效衔接

在浙江省全面推进高考综合改革的过程中，增加选择性也得到了有效落实。当地设计完成的"必考＋选考"模式、学考科目和高校专业挂钩策略使学生得以从个人特长、兴趣入手选择考试科目，目前这种模式已经具备了实施的现实可能性。

1. 普通高中课程设置多元化

"两依据一参考"（依据统一高考成绩和高中学业水平考试成绩，参考高中学生综合素质评价信息）高考招生策略与"必考＋选考"考试模式是新高考制度的核心，综合素质评价也就此变成高考招生录取的基本依据，考查学生综合素质属于增设项目。因此，普通高中必须要客观、准确、全面地评价学生的综合素质。普通高中利用社会实践活动、特色课程和校本课程的开发即可有效培养、提升学生的综合素质，满足兴趣各异、潜质不同的学生个性化发展需要，对学生身心健康全面发展目标的实现有利，也可以将因材施教理念切实体现出来，促进素质教育改革落到实处。普通高中课程设置多样化不但是对新高考制度、社会发展及时代进步趋势的呼应，而且还可以顺利推进并有效实施新高考制度。[②]

2. 和新高考有关的各类新课题均是学校探索的重点

在研究政策文本的前提下，分析掌握新高考改革目标可以为学校课程改革提供参考依据。在新高考改革这一宏观背景下，学校课程规划既要对高校人才选拔需要、学生职业规划与学业需要、社会层面的人才培养的规格与质量标准进行充分研究，又要对学校的办学特色、办学传统

---

① 孙光明：《浙江高考综合改革试点的实践、问题与展望》，载《中国考试》，2016(7)。
② 骆秀连：《新高考背景下普通高中课程设置多样化研究——以河北省为例》，硕士学位论文，河北师范大学，2018。

和开发课程方面的能力进行深入分析论证。只有如此，本校课程规划才能做实、做好。与此同时，课程研发团队构建是新高考改革给学校提出的一项基本要求，同时要求全面实现必修课程的开发，并将以学校特色与学生需求为基础的校本课程与精品选修课程同步开发成功。也就是说，学校必须要采取多元化课程开发措施，才能有效解决教师在选修课程开发实践中所面临的各种困难，促进学校课程开发质量、速度与效益的同步提升。如有的走班教学"一生一课表"与行政班教学冲突是一个核心问题，亟待处理。学校有必要对新型教学组织形式进行深度分析，将新的教学与课程改革向前稳步推进。最后，走班与行政班同步管理模式同样需要改变相关评价机制。所以对于学校而言，其必须解决的一个重点问题就是如何评价自己的教学效果与学生的学习过程。因此，设计具有可操作性的、标准化的新的评价机制也就成为学校的必然之举。

第三节

学生发展核心素养的落地

素质教育含义丰富，核心素养为其中之一，现代中国教育的人才培养目标是核心素养的培育。

一、学校课程建设与核心素养落地 >>>>>>>

（一）学生核心素养的内涵

中国学生发展核心素养分为社会参与、自主发展、文化基础三个方面，综合表现为实践创新、责任担当、健康生活、学会学习、科学精神、人文底蕴六大素养。在核心素养内涵界定与理解的认识上，我国理论界的观点比较统一，认为核心素养实质上就是"培养什么样的人"这一教育本质问题的答案，但不同学者的解读角度是不一样的。

1. 要素维度

"核心""素养"是核心素养的两个主体要素。我国学者从区分知识、技能、素质、能力与"核心""素养"这几个概念的角度来展开理论探究。

从"核心"的内涵解读上来看，学者的意见并不统一。核心素养的基础性是成尚荣解读"核心"的切入点，他指出核心素养是具有奠基功能的能力与品质。[1] 核心素养指向高级能力，这是张华的观点，他认为核心素养这种高级能力实质上是对农业和工业时代"基本技能"的发展与超越，是人适应信息时代和知识社会的需要，其核心是创造性思维能力和复杂

---

① 成尚荣：《基础性：学生核心素养之"核心"》，载《人民教育》，2015(7)。

交往能力。① 也有学者从最少数、最核心层面分析"核心"的内涵。褚宏启指出，核心素养是一种"关键少数"素养，是各种素养中的"优先选项"，是综合素质、全面发展、三维目标、素质教育等的"聚焦版"。② 以《中国学生发展核心素养》所描述的"核心素养"概念为依据，许锡良指出，核心素养实质上属于一种"综合素养"，而非"核心"，核心素养属于可以变成共同基础的最核心、最重要的那部分。③

关于"素养"的内涵，我国学者在剖析三维目标、素质教育、素养等词语时提出了各自的观点。比如，在素质教育与核心素养关系的课题分析中，林崇德、姜宇、辛涛等指出，核心素养实质上就是解读并具体化素质教育的内涵，素质教育的内容与载体因为素养而更具可操作性。④ 比如，基于核心素养超越素质教育视角，陈佑清对核心素养与素质教育的关系进行了全面分析，认为核心素养更加关注新时代背景下人的素质培养问题、素质含义和素质结构以及人的具体活动是人应对复杂环境的需要。⑤ 比如，关于"三维目标"与"核心素养"的关系，余文森指出，"核心素养"本质上继承并超越了"三维目标"，"三维目标"的方法、过程及技能、知识被"核心素养"提炼成了能力，情感态度价值观被提炼成了品质。与此同时，和"三维目标、双基"具有的学科本位相比，核心素养已经超越了以人为本的层面。⑥

2. 特征维度

关于"核心素养"内涵的研究，我国学者基于特征维度提出了各自的观点，全面厘清核心素养的特征有助于从理论层面指导核心素养内涵框架的构建。

尹后庆、张华界定了核心素养综合性特征的内涵，他们认为，核心素养具有整体统一性，主要体现在将"三维目标"化成一体。⑦ 而从学生

普通高中课程领导力的校本建构

---

① 张华：《论核心素养的内涵》，载《全球教育展望》，2016(4)。
② 褚宏启：《核心素养的概念与本质》，载《华东师范大学学报(教育科学版)》，2016(1)。
③ 许锡良：《"核心素养"不核心》，载《教师教育论坛》，2016(10)。
④ 辛涛、姜宇、林崇德等：《论学生发展核心素养的内涵特征及框架定位》，载《中国教育学刊》，2016(6)。
⑤ 陈佑清：《"核心素养"研究：新意及意义何在？——基于与"素质教育"比较的分析》，载《课程·教材·教法》，2016(12)。
⑥ 余文森：《从三维目标走向核心素养是课改深化的标志》，载《人民教育》，2016(19)。
⑦ 尹后庆：《核心素养要落地，学习方式必须变》，载《平安校园》，2016(12)。

角度来看，学生受到的所有学科教育的整体影响，其前提是知识技能和情感态度价值观的整合，也是有效满足现实需求的综合品质。王红提出核心素养的稳定性特征，并认为教育实践中的核心素养主要表现为一经个体习得即会和个体产生无可剥离的本质属性，所以核心素养的稳定性通常比较高，可以与习得主体的一生相伴相随、永不分离，具有极高的"忠诚度"。[①] 在核心素养广泛性特征研究方面，褚宏启阐述的切入点是核心素养的全民性，他指出核心素养属于 21 世纪每个人必须具备的高级共同素养，不仅是学生需要具备的，也是 21 世纪人人需要具备的素养。[②] 关于核心素养所具有的发展性、过程性特征，林崇德、姜宇、辛涛等指出，学生核心素养发展本身就是一个动态性过程，存在发展性特征，主要表现为学生核心素养发展的阶段性与连续性，建立学生核心素养发展体系应充分考虑并尊重学生身心发展规律，基于学生发育与发展敏感期合理设计发展目标，不能颠倒，也不能跨越。[③] 邢奇志认为，核心素养目标落实到课程设计中，是可培养、可塑造、可维持的，同时认为教师在学生素养培养实践中通常具有决定性影响。[④]

3. 结构维度

我国学者通常基于核心素养层次结构来分析其含义，从本质上来看，这种认识角度具有一定的创新性，其所认识的"核心素养"内涵当然更加新颖。划分核心素养的内涵层次有助于从理论层面全面指导各学科核心素养的制定以及教育实践。

李艺、钟柏昌指出，认识、理解核心素养的前提是认识、理解学科核心素养，而学科核心素养的组成层次包括三个："双基指向"，是最低层次，其核心为基础知识和基本技能；"问题解决指向"，是中间层次，其核心是解决问题过程中所获得的基本方法；"科学思维指向"，是最高层次，指在系统的学习中通过体验、认识及内化等过程形成相对稳定的

---

① 王红、吴颖民：《放慢知识的脚步，回到核心素养》，载《人民教育》，2015(7)。

② 褚宏启：《核心素养的国际视野与中国立场——21 世纪中国的国民素质提升与教育目标转型》，载《教育研究》，2016(11)。

③ 辛涛、姜宇、林崇德等：《论学生发展核心素养的内涵特征及框架定位》，载《中国教育学刊》，2016(6)。

④ 邢奇志：《"班本课程"的开发与实践——例谈核心素养理念指导下的校本课程开发》，载《思想政治课教学》，2016(12)。

思考问题、解决问题的思维方法和价值观。① 部分学者在分析学科核心素养后指出，上述三个层次同样也属于核心素养的组成部分。不过从其论证的过程来看，用整体核心素养结构层次直接取代学科核心素养结构层次的分析论证策略的准确性还有待验证。

4. 本质维度

我国学者对核心素养的本质研究较少。核心素养的基本问题就是其本质问题，厘清核心素养的本质问题有利于对其展开更深层次的研究，进而有助于开展教育实践活动。我国学者大多以教育目的为切入点来分析核心素养的本质。孙亚玲指出，核心素养的本质问题就是教育目的问题，其中心是教育基本问题——"教什么、学什么"，应以学生视角来确定教育内容，尊重教育规律和学生的天性。② 也有学者基于基础教育课程建设展开分析论证，并就此指出学校教育总目标即核心素养，认为教育总目标实质上就是核心素养本质。也有学者用基础性来归纳核心素养本质，就此指出核心素养的最根本特征为基础性，只有牢牢把握住基础性，才能厘清核心素养发展与研究的要点。但实质上这些观点并非真正地在探讨"本质"而是在认识"核心素养"的本质属性。

（二）核心素养在课程发展中的角色定位

培育核心素养必须着眼于学生的现实与未来的发展，承担起继承与创新社会文化的责任。培育与发展学生核心素养的基本目标是全面贯彻"立德树人"思想，着力进行"立德树人"育人模式的探索与构建。因此，学校必须深刻理解核心素养及它与学科内容之间的关联性，对课程发展中核心素养的作用与地位做出准确定位，这样才能将核心素养课程的意义全面发挥出来。

每一名学生都是教育的对象，最大程度地激发学生的潜能是教育的基本目标与全部意义。因此，课程发展的起点与中心必须也必然是核心素养，核心素养培育职责通常由各门课程共同承担。③

① 李艺、钟柏昌：《谈"核心素养"》，载《教育研究》，2015(9)。
② 孙亚玲：《"核心素养"的嬗变与选择》，载《云南师范大学学报（哲学社会科学版）》，2017(1)。
③ 任佳瑶：《核心素养视角下学校课程整合的实践研究——以 F 高中为例》，硕士学位论文，华东师范大学，2019。

核心素养具有课程属性通常体现在以下几个方面。

1. 具有可把握性的教育目标实体

核心素养本身也属于课程发展目的和多层级、可实现的教育目标体系。在核心素养的概念界定方面，实在主义取向是大部分国家的现实选择。它们通常都将核心素养当成一种可控性目标实体，使每一门课程的课程标准设计都以核心素养为基础来进行。教师基于课程标准展开教学和评价。客观来讲，此类实体的性质并不是一成不变的，究其原因主要是培育学生的核心素养需要历时 10 年以上的时间，而当学生完成高中学业进入大学或社会时，人才需求及社会、经济发展趋势也许已经改变，传统"实在主义"核心素养可能已经落后于时代发展。为了让核心素养不"上浮"，实现它的"可把握"，许多国家在研制核心素养时会基于实用主义，从动态角度不断丰富、修订或完善核心素养的内涵，体现了杜威把良好目的标准应用到教育上的思想。

2. 作为课程目标的来源

核心素养在某种程度上属于个体为适应未来社会生存与发展所必须具备的价值观念、品格与能力。学生核心素养的培育必须有详细的综合课程或学科课程支撑，此类课程目标主要来源于核心素养，而且这种来源具有以下几种逻辑关系。首先是分离关系，也就是"两张皮"现象，我们可以将其称作"核心素养上浮"，在此过程中核心素养是被高高挂起的。其次是交集关系，即课程目标与核心素养之间存在现实交集部分。最后是包含关系，核心素养如果太抽象，课程目标则会包括在核心素养中；核心素养如果太具体、太详细，只是处于技能、知识或普通能力阶段，那么课程目标便存在着等同或包含核心素养的可能性。从课程目标系统建构来看，课程目标与核心素养通常具有相同或类似的外延，但二者的抽象性不一样，前者更具体，因为其通过学科话语对核心素养进行描述；后者比较抽象。从某门课程来看，该门课程的目标与核心素养具有部分对应与全部对应两种对应的逻辑关系。

需要指出的是，核心素养需要整体地被课程设计者、实施者所理解，而不能做过多的分解或碎片化。在教学实践中，随着学生的发展，基于核心素养内容的不断深入，不同学期或学年所注重的核心素养有所差异。但这种差异来自核心素养的外延，而不是分解后的结果。

3. 作为教学实施与内容处理的"全球定位系统"

课程目标一旦确定，课程内容的选择、组织就会成为课程发展的下一步任务，同时付诸实践的还有教学方案。内容即价值观念、技能、学科知识等。选中哪一种技能、知识及价值观，如何组织此类内容才能激发学生学习主动性、推动学生以积极的姿态学习是重点。面对上述问题，核心素养会像全球定位系统一样对教学方向进行持续监测。课程发展的起讫点并非学科内容中的知识与技能，核心素养才是开始与终止点。课程现场知识与技能的加入主要取决于核心素养，核心素养对知识与技能的目标与功能具有监控作用，以此来保障实现其育人功能。知识与技能在此过程中实质上就是核心素养培育的平台，反过来，核心素养的培育与养成对知识与技能的落实同样具有促进作用，知识与技能的习得在很大程度上也体现出了一定水平的核心素养。因此，我们认为学科知识、技能与核心素养之间不但具有差异化角色属性，而且还有着互为目的与手段的复杂关系。

4. 作为评价学习质量的参考

课程实施质量最终需要通过学生的学习质量来体现。传统评价标准大多根据学生掌握学科内容的多少来进行判断，但在评价核心素养课程发展标准方面，学生掌握核心素养的程度也在评价范畴内。这表明，评价类型与方式的选择将会发生改变，这种改变会增加课程变革的难度，也会改变面向学生及其监护人的学业成就报告。学业成就报告将会同时完成学习领域或学科聚集、核心素养发展状态的描述，可以利用形成性评价方式来完成，此类评价策略通常可以体现正式、非正式学习情境下学生核心素养的发展状态。

从学校实践方面来看，由"核心素养—课程标准—学科核心素养—课时或者单元目标"所组成的课程目标层级体系是重点，并就此产生"一致性课程育人"的专业术语。教师必须基于并指向核心素养，这是课程发展对教师的基本要求，进而以此和实际需求与情境相结合完成书面课程重构，这是课程探索的起始环节。从系统层面来看，核心素养的目标成为对话核心素养本质的清晰指向；从教学层面来看，核心素养的目标成为和学生进行教学逻辑与认知逻辑的对话，以及利用学科教学内容对学生核心素养进行的培养。

以下几个途径可以有效满足学校核心素养的落地实施。第一，根植点——学校传统文化，培育学生核心素养必须要植根于学校文化和中华优秀传统文化的土壤中。在以普通高中各学科核心素养基本内涵与《中国学生发展核心素养》为依据的前提下，学校对校园文化与培育学生核心素养之间的关系展开深入分析。第二，立足点——学生的生命与成长，国家研制的《中国学生发展核心素养》主要体现了国家对全体学生发展、成长的基本要求。核心素养的落地不但需要全面根植于校园文化土壤中，还需要把学生置于主导性地位，全面支撑学生长远的、终身的发展与终身幸福。第三，支撑点——课程开发与实施，课程开发、设置、实施及构建特色课程群的过程中必须全程体现学生核心素养的培育。

（三）基于核心素养的校本课程建设

校本化重构是学校实现立德树人基本任务的途径。校本课程能提供有关基础知识用于核心素养的形成，同样也可以从组织层面确保核心素养的落地，还可以找到实施核心素养培育的基本途径。核心素养会直接影响校本课程，开发校本课程对校园文化、教师、学生发展都有利。[①]

以核心素养为基础推进校本课程建设。核心素养要求学生的文化基础必须扎实，更重视学生的社会参与与自主发展。只凭国家课程很难培育此类素养，即便它具有严格性与统一性也不太可能实现，所以必须充实、完善校本课程。综合实践活动课程，在具体情境中融入各科知识，使学生能够基于体验形成分析问题、处理问题的能力；校本特色课程凸显学校历史传统，彰显学校价值理念，以润物细无声的方式使学生产生集体荣誉感；针对学生个性的校本选修课程，无需"全"只需"精"，学生因此便可以在综合发展过程中自由、充分地发挥个性；对接社会的社区拓展课程可以使学生基于社会服务、公益活动而产生社会适应力与社会责任感。在教学实践中，不管校本课程的形态有多少种，其目标都是培育学生的核心素养，核心是全面发展的人，内容是密切关联学生的生活。

以核心素养为基础促进校本课程开发。校本课程开发本身属于一项系统性工程，需多主体的同时参与。在此过程中，社区工作人员、学生家长、学生、教师、校长均需以学生核心素养的培育为核心，全面协作

---

① 张斌：《基于核心素养的校本课程建设》，载《教学与管理》，2018(16)。

把自身价值体现出来。在校本课程开发过程中，上述主体存在角色差异，不过他们具有相互配合的关系而非处于孤立分裂状态，培育学生核心素养是他们的共同目标。

以核心素养为引领促进校本课程探索。校本课程建设需要理论指导与实践驱动。正确解读核心素养政策文本，全面把握核心素养育人价值，校本化改造核心素养的要点，进行课程创新等均需要专家的培训才能展开。学校校本课程委员会的保障与支持是完成校本课程构建、化解核心素养培育实践中现实困境的前提。因为科研项目可以促进校本课程发展，通过实际课程向学生传递理论形态标准，有利于开发实效校本课程和提升教师专业素养。

以核心素养驱动力促进校本课程评价的开展，需要突破仅从考核学生成绩的角度来评价校本课程开发、教师专业素养、学生的全面发展质量。超越学科本位的核心素养最终指向学生的综合表现，因此要基于学生的全面发展，用过程性评价方式来评价校本课程学习中学生的探究创新、活动参与等。核心素养在指向学生发展的同时也要激励教师的专业发展，评价内容应涵盖教师理解的核心素养含义、教学对学生消化吸收是否有利、课程内有没有渗透核心素养标准等。校本课程必须由各维度入手来进行建设和评价。

二、课程领导力对核心素养落地的意义 >>>>>>>

引导基础教育课程改革的一个基本内容就是提出、分析和落实核心素养，课程实施的落脚点和课程改革的关键点都是学校。所以，学校课程领导力是落实核心素养的根本。

(一)课程领导力与核心素养的内在联系

课程改革深化源动力就是核心素养。核心素养有效回应了"培养学生何种素养""培养的方法是什么"等素质教育改革深化过程中出现的问题。全面推进素质教育的基本表现就是学生核心素养的培育，而核心素养培育实施的主要途径是深化教育评价、教学实践、课程改革等。学校课程领导力的目标是以提升教学质量为基础推动校园文化、课程、校长、教师、学生的整体发展。它是基于教育教学实践而对外展示的教育哲学、教育思想以及课程认知、执行、创造、评估、自控等教学能力。课程领导力与核心素养关系既清晰又复杂，具有实现目标的一致性、实施主体的共同性、实现途径的同一性。

首先，实现目标的一致性。源于课程改革而深入推进的核心素养培养既是学生学习成长的需要，又是教育教学质量提升的需要。课程改革将部分课程发展权赋予学校，使学校成为学校课程发展的主导者，因此校长、教师需要打破传统思维，从以往教学困境中突围而出，勇于主动面对教学之外的课程问题。课程领导力与核心素养本质上属于基础教育发展与改革的原动力，可以有效推动教学发展。而且课程领导力与核心素养全部指向社会人才的培养、学生身心的健康成长、教学质量的提升及基础教育课程的改革推进，所以存在一致性目标。

其次，实施主体的共同性。课程领导共同体属于学生自主学习的促进者及发展的评价者、课堂教学与课程体系发展的参与者、课程开发与实施的引领人、课程意识的生成者。现实教育场域内，课程领导共同体一直以来均以课程领导力为载体而实现自身的主体价值，所以，课程领导共同体属于发挥课程领导力与落实核心素养的共同主体。教师是课程领导力与核心素养之间联系的纽带，因此教师课程领导力与核心素养具有实施主体的共同性。

最后，实现途径的同一性。教学的主导性环节、培育学生的主渠道均以建立健全学校课程体系、教学实施和教学评价体系为基础，使课程领导共同体的课程领导力得到持续强化。教学与课程不但是落实核心素养的一个基本途径，而且也是提高课程领导力的重要载体，因此教师课程领导力与核心素养存在实现途径的同一性。

教学与课程要融入核心素养，就必须全面发挥课程领导力，因为它全面奠定了贯彻落实核心素养能力的基础。提高学校课程领导力，才能有效加快核心素养内容的落实。在核心素养落实的过程中，课程领导共同体必须全面展示出课程领导力，因为这是实现培养优秀人才、提升教学质量等目标的前提和基础。而且在课程教学实践过程中，课程领导共同体不但要完成课程领导力的展示，而且还要同步进行核心素养培育。所以，课程领导力是落实核心素养的有效支撑，而核心素养则可以进一步展示出课程领导力，它们互相支撑、相辅相成。

（二）核心素养的落实对课程领导力的要求

课程领导是一个过程。在此过程中，学校有关人员制定的课程目标会受到学校课程领导者的影响。从本质上来看，这也是一种在课程人际互动中教师影响力的展示、教师和相关者完成资源共享与人际沟通机制构建的过程。课程领导进一步明确学校课程设置、实施及评价目标，对教学与课程资源优化配置、学校员工互助团结及教师专业能力提升均有利。学校课程领导共同体的实践智慧主要体现在核心素养落实环节，其要求有以下几个方面。

1. 课程意识敏锐

自有逻辑是学校课程开发的前提和基础，没有自己的逻辑，学校课程开发只能是一纸空谈。因此，校长必须站得更高，必须从"立德树人"的视角来对培养对象及培养方法进行全面分析，随之基于学校育人目标，以学校、区域现状绘制课程图谱和设计课程体系。以此完成的课程开发才能有效吻合学生的需求，促进学生的成长发展。培育核心素养是一种现代教育理念，具有鲜明的新颖性，因此贯彻落实核心素养的培育直接增大了教育教学的难度，具有较高的挑战性。教师课程意识敏锐，可以对其课程领导者的使命与责任有清晰的认识与体会，可以及时发现核心素养落实方面的缺陷。落实核心素养时，课程意识力的基本要求是教师有敏锐的课程批判意识与课程资源意识。教师同样应注重隐形核心素养课程资源的拓展与挖掘，设置的课程界限以学生生活实际为前提展开。

2. 组织变革力强大

课程建设实质上是再造既有课程适宜性的问题，而非对既有课程的全盘否定，要完成此类转变，需经历三个环节——解冻、改变、固化。解冻即以学校全体教职员工为对象做好动员工作，做好思想准备，奠定改革基础；改变主要是指课程内容与结构的改变、学校内部考核标准与管理关系的改变；固化主要指的是完善并巩固变革成果。所以，教师必须提升并加强课程开发力，统整核心素养课程，建立核心素养课程体系。以核心素养为引导，以教师教授课程为依托来开发校本课程。第一，教师宜将核心素养的要点全部或部分筛选出来，以相关维度为依据对其类型进行划分，即生活技能类、尚美健体类、科学探究类、文化传承类和品德养成类。① 第二，教师从所教科目入手完成有关类型的选择，基于本校或本地现状确定课程名称。第三，拟订课程开发方案，把准备工作做充分。第四，主动创设实施条件，以便可以正式实施开发完成的核心素养课程。

3. 行动研究力强劲

教师领导者的行动力其实就是教师课程实施力，这种能力需强劲而充足，因为它是教师课程领导力的关键，属于课程开发实践中教师必备的课程反思能力、课程协调能力与课程执行能力。进行干预调整与目标管理，这是课程执行力强调的重点；具备课程人力资源整合及课程学习合力实现能力，这是课程协调力强调的重点；具备反思、总结以及持续强化反思的能力，这是课程反思力强调的重点。教师课程实施力强大可以准确兑现核心素养信念，有利于教师化解课程实施实践中出现的各种难题，提升核心素养教育质量及落实力度。课程开发能不能成功主要取决于教师行动，校长行动对教师行动具有决定性影响。工作重心实质上就是校长所处的位置，实质上是一种向心力、驱动力，能有效解释价值观。因此，亲临"现场"的校长对课程开发更具领导力、说服力。

---

① 杜尚荣、王笑地：《基于学生发展核心素养的校本课程开发：内涵、特征及原则》，载《中小学教师培训》，2017(8)。

第二章

透析与理解：课程领导力的内涵解读

　　高中课程领导力实质上是一种专业能力，与行政领导力相对应，这也是它不同于其他课程领导力之处。但我国课程领导力有别于西方国家，是专业领导力和行政领导力的融合体，是一种以校长为核心的团队课程领导力。在本章节中，一方面，我们通过文献研究，解读课程领导力的内涵；另一方面，结合本校实际，对课程领导力进行校本化的理解。课程领导力包含对国家必修课程、选修课程、校本课程的领导，而本书重点从校本课程开发角度解读课程领导力。

第一节

学校课程领导力的现状透析

一、国外校本课程开发的兴起与发展 ▷▷▷▷▷▷▷▷

（一）国外校本课程开发的兴起

第二次世界大战后，美国开始兴起校本课程开发。课程内容调整成为美国各地中小学讨论的重点。美国中小学课程在"生活适应教育"运动的影响下形成了实用性、趣味性和多样化特色。1957 年，全球第一颗人造地球卫星被苏联科学家成功送入太空，美国大为震惊，认为其科技大国领先地位受到了来自苏联的实质性威胁，与此同时他们认为教育失败是主要原因。1956 年 8 月，美国国家科学基金会报告称，仅在 1955 年一年，苏联培养出来的科学家数量已经是美国的两倍，而美国对此未加重视。1958 年，美国《国防教育法》正式通过，自此学校课程改革开始受到美国各界重视。在抛弃既有的学校课程与地方课程这一传统开发模式前提下，美国全面启动国家课程开发模式。国家科学基金会也为本次课程改革提供了规模庞大的资金支持，它曾在 1956—1957 年向 53 项国家课程计划提供了大量资金支持。在这 53 项计划中，社会科学项目为 10 项，数学和自然科学项目为 43 项。新的课程开发机构将一大批声誉极高的学科专家组织起来进行了一批新课程（以学科知识为中心）的研发。但是，1971 年，布鲁纳在《教育过程再探》一书中，指出美国课程改革并未取得成功。

20 世纪 60 年代，全国课程方案开发活动在英国正式开展。但相关评估报告于 60 年代末才承认英国未能成功做出全国课程开发方案，并且认为英国之所以会失败，主要是由于国家课程开发逻辑为自上而下、自中心向外围进行"研究→开发→推广"，且过多过滥，同时还直接面临着经济、技术、社会前所未有的变革威胁。从 70 年代起英国教育主管部门开始支持学校是课程开发重心的观点，并且认为政府在课程开发实践中仅仅也必须是配角，国家课程计划固然重要，但并非全部，自此英国开始全面流行校本课程开发运动。儿童中心教育思想被提出后，开放教育风潮风靡英国，英国相继出现了各种各样的多元化教学形态，如协同教学、不分流、混合能力分组等。鉴于此，学校必须改变一直以来采用的课程内容及其实施模式，承担起课程开发重任。

除此之外，澳大利亚、以色列、法国等国家从 20 世纪 60 年代末 70 年代初正式开始学校课程开发的改革运动。

（二）国外校本课程开发的发展

自 20 世纪 70 年代中期以来，在国家课程开发运动的影响下，美国国内开始风行校本课程开发思想，学校自主决定课程得到该国学区或州政府的认可和支持。学校改进运动同时也开始在美国国内流行起来，学校及教学团体就此陆续开始开发校本课程。第二轮教育改革于 1986—1989 年进行。下放课程开发权，将更多办学自主权赋予学校成为本阶段的主旋律。

同一时期，英国国内两股势力直接对抗，即高等教育机构教师协会、地方教育协会等主张开发校本课程，教育和科学部、皇家督学团则主张开发国家课程。最终，校本课程开发取得了胜利。1973 年，菲吕马克、麦克米伦率先提出"校本课程开发"一词；1975 年，"以学校为课程开发中心是报告最基本的理念"形成；1978 年，以中小学委员会为主导，教育和科学部开展了"资源运动"，校本教师在职培训政策就此出台。英国教师、学校新型专业自主思想开始在本阶段出现，英国也就此全面进入校本课程开发时期。

与此同时，澳大利亚组建课程发展中心，负责国家重大课程议题研究，服务于学校、地方课程的开发；以色列爆发"学校自主权运动"；法国建立"实践车间"来实施基于既有自由选修课程进行各类课程的整合。

苏联于 1987 年发布了实验教学计划，增设了选修课程、校选课程，二者在教学总时数中占比为 25%。苏联国民教育大会于 1988 年 12 月召开，全国统一中学教学计划随之被逐步取消。《国家中等学校新型基础教学计划》中明确规定了课程分配比例。1993 年，俄罗斯制定了基础教育方案，全国统一必修课程、个人兴趣课程和学校选修课程的占比，中学课程仅留 5 门必修课程，即社会研究、科学、数学、文学、俄语，学校、地方政府及国家层面决定其余教学内容。

（三）国外校本课程开发的调整

《美国 2000 年教育战略》于 1991 年发布，及至 1994 年《2000 年目标：美国教育法》的实施，美国教育目标已由 1991 年的"战略"层面拔高到"法律"层面，就此达到了法制高度，全国性课程标准随之建立。州政府教育控制因此得到强化，州与联邦也因此而获得了更多的课程控制权。从 1991 年发布的统计结果来看，美国全国强制或允许进行校本管理的州共有 44 个，采用学校本位管理经营的学区达 1/3。每个州的课程授权均不一样。

英国全国教育大辩论发生在 1976 年 11 月至 1977 年 3 月，教师问题与国家课程标准是中心议题。教育和科学部于 1977 年 7 月 1 日发布《学校中的教育：咨询文件》对大辩论进行了总结，明确指出了学校教育改革趋势；《学校课程结构》及其修订版分别于 1980 年、1981 年推出。皇家督学团在 1977 年、1981 这两年分别推出《11～16 岁的课程》《关于课程的看法》。《4～16 岁国家课程》发表于 1987 年，就此奠定了该国国家课程的基础，也标志着校本课程开发的逐步退出。

二、我国校本课程开发的兴起与发展[①] >>>>>>>

（一）我国校本课程开发的兴起

"教材要有地方性，应当增加一些地方教材。"1958 年，我国开始由

---

① 石筠弢：《我国基础教育课程政策发展变化的历史轨迹》，http：//www.edu.cn/edu/ji_chu/zong_he/ke_cheng/gai_ge/200603/t20060323_19001.shtml，2001－11－13。

各地自编教材，学制缩短，难度提高，具有典型的急躁冒进特征，教材质量由此开始出现迅速下降局面。为此，国家主管部门于1963年加以调整，对中小学教学大纲及教学方案进行了重新修订，同时主张将选修课设立在高中阶段。

"文化大革命"阶段，各地课程范围收窄，一切服务于政治。如兰州市第五中学把该校既有的17门课程进行了全面删减、整合，最终只剩下5门。1977—1985年国家逐步恢复国家课程决策。1978年，教育部颁布《全日制十年制学校中小学教学计划(试行草案)》。选修课程走进重点高中教学计划，各界开始重点关注课程的灵活性、多样性、统一性问题。"三级课程、三级管理"的构想于20世纪80年代中期至90年代末由吕达等学者提出，主张实施三级课程管理，以便学校、地方、国家各负其责、各司其职。《中共中央关于教育体制改革的决定》于1985年正式发布实施，标志着地方教育管理权加大。《中华人民共和国义务教育法》于1986年发布实施，办学多样化、下放教育权等改革正式开始。建立全国中小学教材审定制度，中小学教材"审定制"取代"国定制"，编、审自此全面分离，个人、单位只要条件具备均可编写教材，但需要提交全国中小学教材审定委员审定，只有通过审定的教材才能运用于全国。当然如果地方审查已经得到正式通过，则能运用于地方，给下放课程决策权创造了良好条件。全国中小学教材审委会于1986年宣布正式组建，"一纲多本"教材体制开始实行，即在"统一标准、统一审定"前提下将教材多样化。浙江省和上海市两地于1988年开始全面改革中小学课程教材，教材、课程多样化试点就此形成，3套各不相同的九年义务教育课程方案在全国不同地区实施，浙江省、上海市和两地以外地区各自使用1套教材。《九年义务教育全日制小学、初级中学课程计划(试行)》丁1991年正式出台，这是我国首次对地方课程进行了界定。1996年《全日制普通高级中学课程计划(试验)》规定，学校应该"合理设置本学校的任选课和活动课"，占周总课时的20％～25％，第一次在全国范围内提出了学校可以自行设置课程。1999年，《中共中央国务院关于深化教育改革，全面推进素质教育的决定》正式发布，并提出"调整和改革课程体系、结构、内容，建立新的基础教育课程体系，试行国家课程、地方课程和学校课程。""三级课程管理体系"序幕正式拉开。1999年全国教育工作会议提出了"三级课程管理"的一项基本决策，会议也从政策层面正式提出了校本课程开发和地方课程开发。

（二）我国校本课程开发的发展

《全日制普通高级中学课程计划》中明确指出，地方和学校安排的选修课占周课时累计数的 10.8% ～ 18.6%，同时学校还要承担综合实践活动(占 8.8%)的课程。2001 年 6 月召开全国基础教育工作会议，会后，国务院正式发布了《国务院关于基础教育改革与发展的决定》，文件中指出"实行国家、地方、学校三级课程管理。"三级课程管理体制得到正式明确。为保障三级课程管理的实行，教育部制定了《国家基础教育课程改革指导纲要(试行)》，界定了学校课程权责，为国内全面采用校本课程政策提供依据与保障。从 2000 年开始，教育部多次举办了校本课程开发主题会议和国家基础教育课程改革研讨会，相关校本课程开发理论被多次提及、阐释。2003 年的《普通高中课程方案(实验)》要求将更多的课程自主权下沉给各学校，促进学校创新性、创造性地贯彻实施国家课程，帮助学校从自身现状入手完成学校课程开发，奠定学生课程选择的基础。

三、课程改革背景下课程领导力的校本建构 >>>>>>>

（一）课程改革背景下学校课程领导力的困境

三级课程管理制度在国内新一轮基础教育改革过程中正式确立，课程自主权再度向学校倾斜，但这并非标志着学校课程领导力的提高。因为中小学"千校一面"的现象比较突出，而且学校课程单一化格局在本质上并未发生改变，"考分至上"的情况依然存在，学校课程领导力依然不具有学校课程责任。基础教育课程制度、理念滞后，"上好学"需求并未得到有效满足。究其原因，有政策性、社会性及学校文化等外因阻碍，也有学校行政事务繁冗、教师思维模式与价值观转变难度大等内因影响。以下两点是我们需要重视并加以改正的。

1. 在"经验"与"专业"之间摇摆不定

学校课程自主权的扩大实质上是一把双刃剑，在创造机遇的同时也会面临各种挑战。自主权加码后，学校活力更足，师生智慧、主动性与积极性可以得到更加有效的激发。包括校长、学校管理人员在内的全体教职工的业务水平、教学能力都会影响学校课程领导效用和功能的发挥，但"学校课程规模是校长的应然责任"并未被每一名校长认可，甚至有的校长对于国家课程方案向学校课程方案转化的方式和方法还是一头雾水。

学校教育具有极强的延续性与继承性，但凭感觉和经验处理教育教学工作的工作者比例依然比较高，特别是部分学校领导缺乏提升教育理论水平的能力和完善专业知识的动力。各类教育培训活动没有从本质上影响一线教育者转变传统教育理念，也难以实质性地影响一线教育者提升专业基础知识。经验论风行学校课程领导实践，课程领导效用受到影响。

2. 在"管"与"放"之间左右为难

在课程规划与实施过程中，课程领导取代了课程管理。课程领导的强化有利于学校创造性与自主性的全面发挥，但是，"一放就乱、一管就死"也是课程改革实践过程中客观存在的现象，学校课程领导的具体实施也面临着困扰，其功能的发挥也受到制约。究其原因，主要是学校课程领导尺度把握得不准确：部分领导责任心不足，管理松散，无法从学校现状入手制定宏观战略，只关注分数、升学率，无法从理论上对教师教学实践进行专业指导；部分领导事无巨细、事必躬亲，导致教师、中层管理人员职权不足，缺乏自主权，难以与学校的步调保持一致。

(二)学校课程领导力的变革路径①

我国基础教育改革已经全面进入深水区，开展教育研究以及教育实践活动必须根据深化教育领域综合改革这一主导思想来进行，必须从整体观点、统筹角度来确保学校课程领导高度与境界的提升。

1. 顶层设计与宏观规划

要将学校课程领导统揽全局的功能真正发挥出来，宏观把握学校课程整体价值导向及确定发展战略应为关键。从课程自主研发、运用方面来看，学校一直以来都比较缺乏自主权，服从国家课程是学校的常态。学校领导者的探索精神、自主意识不足具有某种原始性和天然性，从而使其把握不准学校课程发展的基本趋势。课程是指引学生成长发展、规

① 胡惠闵：《学校课程领导力的实践路径：基于学校课程规划编制视角的探索》，载《基础教育课程》，2014(3)。

划未来人生、勾勒生活蓝图的基础，必须具有前瞻性和超前思维，才能满足学生成长与发展的需要。因此，学校课程的领导者就要形成建设与发展课程的清晰思路和强烈的课程意识，从顶层开始设计，对学校课程进行整体规划。

学校课程领导的价值目标主要取决于学校课程的整体规划与顶层设计。第一，要处理好课程要素的关系。分析学校内部构成可以发现，学校课程领导必须考虑各级各类课程的整体性，将其育人功能整体发挥出来。对各类、各学科课程的内在关系进行协调处理，确保学校内部的和谐性与整体性。学校工作烦琐，而且每一项都事关教学与课程等教育教学工作的核心。只有重视学校对外交往、文化建设、后勤保障、行政管理等工作，准确找到主线、把握重点，才能准确运用学校课程管理权。第二，要处理好社会与学校的关系。社会与学校之间的关系属于教育教学研究的一个重点课题。学校隶属整体社会范畴，而非孤立存在的单独组织，因此学校课程领导必须将学校和社会两者之间的整体关系纳入考虑范围中。

重视学科融合是促进学生综合能力发展的大势所趋。每一年龄段学生发展核心素养体系的构建是教育改革的一项重要任务，它有利于基础教育课程改革深化及素质教育的全面贯彻落实。学校课程改革的必然举措就是建立健全以学生核心素养为基础的课程体系。首先，学校需要明确育人目标，整体规划学校课程及学科课程，关注学生核心素养。其次，确立学科本质和育人价值，并就此提炼出学科核心素养，因为核心素养本身属于一种跨学科素养，无法利用单一学科体现出来。再次，应基于学科课程标准、学科核心素养重新组织学科课程的经验与具体内容。最后，应以课程内容标准为基础制定评价标准，对既定的学生核心素养与课程目标进行检测，基于检测结果为教师教育教学实践提供指导或参考意见，以便让学生核心素养的培养变得可测量、可操作。我国基础教育课程改革目标就是核心素养观念的构建，它是立德树人这一基本要求落实的决定性因素。

2. 全员参与和团队建设

课程领导的关键是组织学校课程建设实践中的各方力量。学校课程领导涵盖学校所有教职工乃至所有学生，而非校长一个人的事情，特别是对于教师来说，其本身就是学校课程领导的主要角色。学校课程领导的各参与主体有必要就教学与课程问题展开坦诚、开放、平等的沟通交流。课程领导的实施载体具有团队性特征，需要所有参与者群策群力，更需要包括师生在内的所有学校领导者进行能力与智慧的分享。课程领导的目标是引导他人在自我管理的基础上形成质量更高的高层次判断，全面激励相关人员的持续发展，而不是对他人进行控制。

学校课程领导组织的另一环节是团队建设。学校课程领导不是校长的"一言堂"，不能"拍脑袋"产生决策，而是共同决策、科学规划的过程。学校课程领导的核心是校长，全校课程的实施由其统筹管理。学校课程领导的推动者是学科带头人、年级组长或其他分管领导，他们是桥梁，发挥着上传下达功能，当然，教师和学生同样也缺一不可。

主动建立共同愿景可以有效促进稳固、强大的团队凝聚力在教师群体内逐步形成。组织内每个人的一致景象或意向为共同愿景，它所营造出来的众人一体的氛围，融汇在各个环节、各种活动中。课程领导者在学校课程开发实践中必须基于学校场域着力构建融洽环境，以便教师可以平等协商、沟通、交流、对话，在分享知识、智慧的同时实现意见的表达，完成新课程愿景的制定。

3. 专业学习与文化融合

课程领导集体的高效性通常源于源源不断地继续学习、继续教育，不间断地"充电"补充能量，这是跨越式发展自信与底气的源头。全面强化并持续凸显个人专业理论水平、增加学习任务是学校课程领导工作机制的中心与重心。学校课程领导要求所有参与者必须具备与时俱进的、更前沿、更现代的价值观念、思维方式、知识与能力结构等。因此，学校有必要进行制度化学习活动，倾力打造学习型学校。领导者在具备特定的行政管理经验和能力的同时，还应具备深厚的教学理论、教育学专业能力及课程知识储备，同时还要有丰富的学校课程规划实施能力和教育教学活动能力。

此外，学校必须要主动走出去，走进其他教学机构或高等院校，与它们进行交流、合作，提升学校课程领导力。从课程建设与发展方面来看，如果学校与上述校外组织形成良好的互动机制，并强化业务往来，构建创新性、协同性多赢机制，就能从实质上促进学校课程领导力的发展，有效提升学校的发展竞争力。

学校是学习共同体，具有实践共同体、学习共同体及文化共同体属性。学校课程改革事关技术、观念、思想、文化、政治等各种问题，各种利益群体相互角逐、竞争，各类观点也充斥其中。因此在学校课程方案构建、完善及具体实施过程中，课程专家、教育主管机构只是学校的两种基本支持因素，学校还需要获取校内外各方的支持。学校应以共同体内各成员互相学习、实践为基础，以行为与思想为切入点，适当反馈并调节共同体各方利益，才能构建和谐友善的群体关系，让共同体能够基于团队精神、专业精神、价值观、规范、制度等统一社会责任与个体责任。

课程领导力的内涵解读

一、课程领导力的内涵[①] >>>>>>>

(一)课程领导

1. 课程领导概念的由来

所谓领导，实质上就是指具有领导与管理权限的领导者为实现组织目标而运用所具有的权力给下属施加各种影响力的行为。领导者、领导行为、职权、作用对象、被领导者是领导工作的基本组成要素，缺一不可。20世纪70年代，批判科学管理之风在美国管理学界风行，管理理论就此被新兴领导理论逐步替代，各界普遍认同的领导者的标志是"指引、合作、倾听"而非"监督、控制、命令"，认为这是一名成功领导者的基本标志，此类新管理思想有效呼应了当时社会中追求公正、公平、民主化的社会思潮，对社会变革存在显著影响。而且，西方国家此时正在进行的课程改革运动并未成功，因此重建课程研究范畴内的概念呼声日盛，部分西方分权国家开始悄悄流行"校本课程开发"运动。基于教育界、管理界的双重推动，教育界开始关注领导者角色取代管理者角色，也开始重视并研究"课程领导"一词。

20世纪90年代，课程改革持续推进。在此过程中，"课程品质并非教育质量的全部"观点逐步受到更多专家、学者的认同。各界同时认为，

---

① 林一钢、黄显华：《课程领导内涵解析》，载《全球教育展望》，2005(6)。

课程改革是一种有机的整体变革，而非局部的、孤立的变革。所以，如果要促进课程改革有效性获得实质性的提升，便应在关注学校赋权增能过程中，改变不符合课程改革的等级式、科层化、机械性管理模式与组织结构，基于整体完成学校组织结构与组织文化的重构。本阶段，课程领导内涵全面突破了此前的技术性领导内涵，改造学校组织结构，重塑学校文化，营造合作、民主、分享的学校氛围，课程领导一词的修饰语开始采用创造性、转化、民主等词语，各类与课程领导并置的概念也就此出现。和课程领导有关的大量学术论文、专业书目也陆续问世，全面拓展了课程领导概念的外延与内涵。

在第八次课程改革过程中，课程领导一词悄然走进我们视野，至今已有 20 多年时间，并且在发展过程中受到我国理论界及学校管理者的关注。国内学者在课程改革深度推进过程中纷纷聚焦课程领导。

2. 课程领导的内涵

学术界至今依然没有对课程领导内涵的界定形成统一观点。从功能、目的层面的课程领导内涵来看，下列观点具有一定的代表性。埃维、罗奇指出，课程领导应和学校课程与教学实践相结合，重视教师的专业发展和学生的提升。游家政指出，课程领导实质上就是以教育团体为基础并通过影响力引导教育从业者，就此在课程实务中确立教育从业者的努力目标，共同实现教育目标的过程。阿兰·A.格拉索恩指出，让学校体系、学校帮助学生实现提升学习品质的目标是课程领导的基本功能。[1]萨乔万尼指出，课程领导是把必要的资源与支持提供给学校成员，推动教师间的交流活动，制订优质学校教育计划，完善教师的课程专业技能与知识，促进校际合作。[2]

从角色任务层面对课程领导内涵进行解读，下列观点更具代表性。林一钢、黄显华表示，课程领导应基于课程文化领导与课程开发技术领导来促进学校传统的转变，促进新型学习观、知识观、教学观等的形成，改进学校组织，提升教师教学水平，以此对课程开发质量产生影响。[3]

---

[1] Allnan A. Glatthorn，《校长的课程领导》，单文经等译，25 页，上海，华东师范大学出版壮，2003。

[2] Sergiovanni Thomas J.，"Leadership and Excellence in Schooling"，Educational Leadership，1984(5)。

[3] 林一钢、黄显华：《课程领导内涵解析》，载《全球教育展望》，2005(6)。

吴青山、林天佑指出，在课程发展实践中引导并支持课程的实施与设计、教学方法、课程评鉴，为教学质量、学习效果的提升提供协助，就是所谓课程领导。① 有专家界定的课程领导特征有以下几方面：其一，领导者有能力选择并确立可行、清晰的课程原则；其二，领导者应订立对课程存在影响的长期承诺；其三，领导者可以不受任何外部因素影响而独立承担责任。② 有专家指出，在开发、实施、发展、完善、评价学校课程过程中，课程领导者必须发挥引导作用。有的专家认为，课程领导由订立愿景、监控学生进度、监督教学、管理课程与教学、营造教与学气氛等元素构成。还有的专家指出，课程领导者必须处理好教师关系，才能实现课程领导。课程领导者必须要完成伙伴式团队的构建及团体精神的共建，分享权力和学校决策吸引教师参与其中。

以领导层次为分析视角来解读课程领导内涵，下列观点更具代表性。阿兰·A. 格拉索恩指出，课程领导包括班级、学校、学区及州这四个层次，四个层次功能与权责各不一样，因此应基于弹性策略进行配置，否则将由于课程管制权导致冷战。③ 钟启泉认为，"三级课程管理"政策更关注课程权力再分配，这让课程领导就此演化成多层次的活动开展系统：(1)国家层次——教育部制定方案、纲要、课标，同时完成教科书的编写组织及配套文件起草发布的职责；(2)地方层次——为课程改革提供资源支持，促进校本课程发展，实施新课程教师培训，落实国家政策；(3)学校层次——对既有教学方案做出调整，组织开展综合实践活动试验与教师培训；(4)课堂层次——改革评价策略。④

综上所述，学术界重点关注了下列几大问题：课程领导功能指向课程资源的支持与提供、学校课程教学的完善、教师专业发展、学生学习品质的提升等；课程领导者应引导、支持和课程有关的各种事务，比如，构建教师团队，实施课堂教学，规划设计课程体系，塑造学校课程愿景，进行课程评价等；各国各类课程管理体系决定了课程领导层次。

---

① 吴青山、林天佑：《教育名词：课程领导》，载《教育资料与研究》，2001(38)。

② Doll. R. C.，"Curriculum Improvement：Decision Making and Process"，in *Allyn and Bacon*，1970，p. 492.

③ Allan A. Glatthorn：《校长的课程领导》，单文经等译，25页，上海，华东师范大学出版社，2003。

④ 钟启泉：《从"行政权威"走向"专业权威"——"课程领导"的困惑与课题》，载《教育发展研究》，2006(7)。

(二)学校课程领导力[①]

我国学术界以不同视角为切入点研究了课程领导力的结构要素。陈玉琨认为，中小学校长课程领导力的组成部分包括 5 大元素、14 个参数及 20 个观察点。5 大元素包括：(1)课程规划决策力与课程价值引导力，包括课程规划合理性与课程理念普及性、课程理念导向性与先进性；(2)校本课程开发创造力与国家课程校本开发力，包括课程资源开发、特色课程开发、校本课程开发、国家课程校本化；(3)教师改进教学的执行力与教学进展和课程判断力，包括提升教学质量、基于课程教学诊断结果选择行动策略、构建课程与教学质量保障体系、校长听课；(4)激发、提升教师教学水平的推动力；(5)课程改革影响力，对兄弟学校、学生家长、学生本人的影响全部涵盖其中。

校长课程领导在学校课程领导范畴内至关重要，校长有责任也有义务进行课程领导。布拉德利指出，校长领导学校所有事务，包括课程领导，这是一项极为关键的工作而且密切关联校长职责。欧文指出，无论是主动充当课程领导者，抑或向下属下放课程领导责任，校长支持与否直接决定课程开发能否顺利完成。英国政府教育主管机构还为此单独发布了《英国校长的国家标准》，其中规定校长是教学及学生学习的引导者，在提高学生学习成绩与提升教师教学质量方面负直接责任。

不过，课程领导的发展与教育行政部门赋予学校的课程自主权以及课程改革中有关人员参与的主动性和积极性有密切关系。因此，从学校课程领导角度来看，课程领导力主角包括校长、教师、学生、家长、社区，区别是主体不同，其在课程领导要素中的侧重点也不一样。课程领导共同体为学校课程领导力主体。张华指出，课程领导共同体的成员视野越开阔、范围越大，代表性就越突出，不过学生、教师及校长的视野始终应处于共同体范畴内。学校课程领导力属于团队能力，同时涵盖校长及学校其他成员的课程领导力。学校课程领导力主体是校长，学校中层、教师全部为其有机构成元素，并且他们之间互相影响、互相作用。此外，课程专家的引领与指导也不可忽视，尤其是在国家基础教育课程

---

① 韩春梅：《在校本课程开发背景下中小学校长的课程领导》，硕士学位论文，首都师范大学，2005。

改革进入深水区、基础教育阶段学校的课程意识和能力欠缺的前提下，课程专家和中小学进行学校课程开发合作，课程开发的质量才有保障，课程实施也才能顺利推进。

在课程领导方面，学校同时兼有主、客体属性。学校课程领导力包括个体的领导力与组织的领导力两个层面。其中组织的领导力是指作为整体之一的组织影响个体或其他组织的能力，其与组织的执行力、战略及文化等有关。从组织层面来看，学校层面的课程领导能力用学校课程领导力表示更准确。课程是学校课程领导力的表达平台，学校课程计划、学校课程实施等载体即可展示出学校课程领导力。学校课程领导主体系统本质上属于多角色、多层次复杂系统，其组织部分包括课程专家、社区人员、学生家长、学生、教师、学校管理人员等。

学校课程领导力主要是指以校长为核心，由学生、教师及校长本身共同形成的课程领导共同体在教学发展过程中对外展示的课程认知、规划、自控、创新等各种能力。其载体是课程开发、课程实施、课程评价及学校课程文化建设等；其目标是以提高教学质量为前提推动学校文化、课程、校长、教师、学生的发展。

二、课程领导力校本建构的含义 >>>>>>>

（一）学校课程领导力的体现[①]

学校课程领导主体在处理具体课程事务过程中即可展示学校课程领导力。学校课程领导的任务是建立理想方案。基于课程的设计、决策、实施及评估等，黄显华等在全面考虑学校文化、学生学习动机、学校教育目标等各种因素条件下，对学校课程建设实践中课程领导的功能进行了分析。基于校长的课程领导主体，有专家对学校情境特定条件下的 12 项合适的课程领导任务进行了分析总结，即了解与掌握学校环境脉络、觉知与界定校长课程领导角色、建立并设定学校愿景和任务、联结国家地方与学校课程、管理并发展学校课程、规划并提升教师专业水平、监

---

① 靳玉乐：《学校课程领导论 理论研究与实践探索》，188 页，北京，人民教育出版社，2011。

督评价学生进步、改革重塑学校课程专业文化、重组或再造学校组织结构、争取和支持资源、发展公共关系与社区参与、评价并完善学校教学与课程。基于校长的课程领导主体身份，阿兰·A.格拉索恩同样描述了校长的基本职责，即标准与目标的拟订、学习方案的重新思考及课程的统整、连接、实施监控等。分析既有的研究成果，王利认为在整个课程开发过程中课程领导的角色至关重要，会影响到课程设置、实施、评价等环节。课程开发同样也是靳玉乐的研究切入点，他把学校课程事务中的学校课程领导功能进行了创建，对学校愿景、人员安排及课程的规划、实施、评价等进行了划分。

从总体上来看，学校课程领导主体的领导功能主要体现在创建学校愿景、学校课程规划开发、课程资源建设、师资培训、课程实施与评价等方面。

(二)课程领导力的校本建构

以校为本即"校本"，其目标是从学校教育教学基础或现状入手，着力处理学校所面临的各种重要问题，改进学校工作，提高学校发展质量。"建构"包含设计、建造等在内的建造过程，属于"三位一体"的一种集合，能反映出整体全过程。"校本建构"主要是指研究学校面临的现实不足及其发展的现实需求，由建构的主导者或中坚力量主要是指学生、教师、校长和家长有计划、有针对性、有组织地开展活动，利用标准化建造过程获取特定的成果，且在教学实践过程中直接引用所取得的成果。

所谓课程领导力的校本建构，实质上是指在学校课程开发及具体实施时，在课程事务方面体现学校课程领导主体的领导功能及组织实施课程的决策能力，在此前提下提升教育能力。

第三节

课程领导力与校本课程

一、学校的课程愿景 >>>>>>>

(一)课程愿景

学生成长发展的基本保障、教学活动的依据、教育工作的核心、国家意志的体现，这是我国界定的课程含义。因此学校课程的改革、发展、建设等工作都应基于课程环节来具体实施，主要包括学生的核心素养发展、社会主义接班人培养、时代新人培育、人的全面发展等，并且时代发展、社会经济发展等诸多教育内容也应基于课程来兑现。"努力构建德智体美劳全面培养的教育体系，形成更高水平的人才培养体系。""学科体系、教学体系、教材体系、管理体系要围绕立德树人这个目标来设计，教师要围绕这个目标来学，学生要围绕这个目标来学。""凡是不利于实现这个目标的做法都要坚决改过来。"要在学校层面全面贯彻实施两个体系发展标准，设计、实施课程体系为决定性环节。[1]

引领适切模式，创建课程共同体，处理课程问题，塑造课程愿景，这是课程领导的核心要素。课程领导目标即愿景，也就是学校这个组织要到哪里去。从学校语境来看，学校教育哲学是愿景的最好表达手段。每所学校的教育哲学不一样，具有自身的独特特征，是学校的思想和灵

---

[1] 李子健、黄显华：《课程：范式、取向和设计》，60～67页，香港，中文大学出版社，1994。

魂，学校应以当前信息、资源和状态为基础，长远预测、期待或刻画毕业生形象。从本质上来看，学校课程领导具有价值引导属性，以民主协商为基础，把领导者所主张的发展目标转化为共同体成员一致承认、接纳的学校课程愿景。和行政指令相比，引领、驱动组织成员向着预设目标坚定出发的主导性力量主要就在于使命与愿景。

学校课程愿景实质上是一种关于学校课程的期待和预计，其形成的基础是学校现状，是基于 SWOT 分析学校背景元素前提下的整合与提炼。学校课程愿景属于学校整体组织的共同愿景，而非学生、教师或校长的个人愿景。课程发展愿景起初可能仅属于某种观点、想法，但只要能够发展为引领人、指导人的目标，便成为一种普遍认同的观点，而非抽象的单一化概念，从而被人们当成学校发展的发动机或动力源。课程发展各主体环节的愿景都比较清晰，它不但属于特殊时期真实存在的典型代表，而且也属于学校全体师生思想深处精神与物质生活的具体体现，从本质上来看，它会随着时代的发展而发展，而非一成不变。

（二）课程愿景的构建

构建学校课程愿景属于系统工程，复杂性极高，必须顾及多重因素，比如外部环境、学校组织等，综合判断、选择、沟通、对话、思考充斥着构建过程中的每一个环节。学校课程愿景通常属于学校组织内每一名成员个体愿景的汇聚与融合，必须考虑以下几种因素。

1. 激励个人愿景，促进个体之间的互相协作交流

个人愿景是高中课程愿景的基础与源头。从校本课程发展方向角度、来看，校本课程实质上是为师生提供多样化、个性化的发展平台。因此要在课程建设中真实体现出课程目标来，首先就要考虑师生的个人愿景。个人愿景通常发自师生内心，源于师生个体价值观，是师生个人理想、内心世界的真实写照，对个体学习、生活及工作主动性、原动力具有良好的激发功能，所以激励组织成员完成个人课程愿景的构建是十分必要的。只有这样，才能让学校所有成员主动加入到高中特色课程的开发实践中，一起建立并形成学校共同课程愿景。在此过程中，学校与有关人员进行进一步的交流互动，对每一名学校成员的课程愿景、对于学校共同课程愿景方面的观点进行全面了解并给予充分尊重。个人愿景向共同愿景转化的必然环节或必经途径取决于所有成员的互相协作、交流，在

与有关人员进行深度交流时，所有利益主体通常会以个人视角来提出学校、个人课程愿景，但由于每个人理解能力和角度的差异，意见相悖的可能性是客观存在的，激烈争论甚至争执也具有客观可能性。这时就需要各方协商，并且有主导者综合、整合各方意见，最终确定各方认可的课程愿景方案并提供给全体成员。

2. 团队学习，全面思考

共同课程愿景达成后就要传递给每一名成员，传递的方式方法至关重要。合理的传递方式并非学校领导直接传达或以一纸文字直接下达，而是将学校成员全部组织起来开展共同课程愿景的学习、领会，再引导、激励所有学习参与者倾听他人意见，以便每一名参与者从内心真正接受课程愿景，就此夯实课程实施基础，同时还要针对各成员的观点、意见、想法来设计特色化学校课程图景。系统思考课程愿景既指分析讨论某一课程的实施与意义，更指综合分析、对待特色化学校课程体系，尽量避免普通高中校本课程蔓延化、碎片化现象的发生，同时促进普通高中特色课程与学校课程体系的进一步融合，预留下此类课程未来发展的空间和余地。

3. 明确而清晰的表述

学校课程愿景所体现出来的是学校组织的整体行为。从愿景方式方法上来看，愿景属于一种具有长远指导意义，对学校组织成员具有激励功能的简洁图景，应利用生动明了、通俗易懂的语言来表述。最理想的语言是具有感召力、鼓舞力并获得全体师生认可的语言，这样的语言有助于师生与课程建设的全面融合。课程愿景的表述要有效并且具备独特性，这样才能体现出学校文化底蕴。课程愿景本质上具有与众不同的独特特征，是学校自身优势和众人智慧的结晶，所以，准确、清晰的表述可以将愿景的旺盛生命力更清晰地传递给所有人。奉化区第二中学课程愿景的形成过程即如此，它是在校长和专家的全程助力下完成的科学调查结果。"以人为本，体验发展"是奉化区第二中学的办学理念，该理念的形成基础就是现实需求、学校传统以及学生核心素养价值追求，目标是培育完整的"人"。学校始终坚持的一种自由观是"人是目的"，其所蕴含的哲学思想极为深刻，因为它主张充分释放人的主观能动性，将自由意志体现在生活实践中，将浓郁的人本主义精神表达出来。学校出发点是"以人为本"，所以，全体师生的校园成就感、幸福感是学校关注的重点。"体验"本身属于某种方法、方式，从管理、教学、德育及平台搭建、师生角色潜入等角度来体验成长细节。学校的目标是"发展"，包括学校的特色发展与品牌成长、教师的专业发展与业务成长、学生当前的学业成长与未来发展。

展开选择性、多样性、实践性、基础性的学校课程体系构建，推动办学特色化、优质化，会让学校更有活力。学校面向未来，可以建立起能够满足所有学生发展需求的课程结构。学校办学理念一直以来都是"以人为本，体验发展"，从未改变，而且始终着力构建以教师为主导、以学生为主体的教学氛围与课程体系，可满足差异发展需求与可自主选择、可良性循环、可持续性发展的人文环境的形成，教学质量稳步提升，真正实现"以勤践行，以勤育美，以勤健体，以勤启智，以勤修德"的目标，全面促进了全校学生与学校文化的和谐发展，奠定了学校课程开发的良好基础。

二、课程领导力与校本课程建设 >>>>>>>>

(一)校本课程的含义

在进行校本课程本质属性探究的过程中，校本课程与课程关系的梳理及理论分析意义极为重要。

1. 课程角度

差异性极大，这是课程概念的一个基本特征。目前，学术界依然没有形成统一性的课程含义界定模式或结论。李子健、黄显华指出，比赛过程中抵达终点的跑道是课程的原意，而从教育视角来讲，对课程进行上述描述证明课程只是师生实现教育目的的场地，所以目的不同，课程也不一样。[1] 俞红珍等认为，课程是指"跑的过程"，所以教育范围内的课程是指"学习过程"。钟启泉指出，课程一词来自拉丁语，是跑道的意思，因此如果从教育领域来分析的话，课程是学习者的学习路线。[2] 所以，其意实质上等同于学习过程，含有人生阅历的意思。高新建等指出，

---

① 李子健、黄显华：《课程：范式、取向和设计》，8页，香港，中文大学出版社，1994。
② 钟启泉：《从"行政权威"走向"专业权威"——"课程领导"的困惑与课题》，载《教育发展研究》，2006(7)。

可以将课程当成一种教育途径，引领学生走向更好。

因此，在课程本义分析论证的过程中，学术界大多是以"跑道"这个课程的拉丁语义入手的，而且从各个层面对它进行了演绎推导：将跑道当成实现教育目的的场地，将跑道视为教育的途径，将跑道比作学习过程。本书认为，基于跑道对课程概念进行演绎，能让理论探讨者对课程的定义获得更大的空间。多尔认为，对于课程来说，课程目标不但具有外在性，而且还先于教学过程，课程目标一旦确定，它就会贯串在课程形成的全程中。他认为，课程是跑的过程而非跑道，课程具有可变性，是促成个人转变的通道，而非固定不变的跑道。从其解读来看，跑道本身并非其关注的重点，跑步过程、众人齐跑呈现的模式是课程关注并强调的重点。

因此，将跑道与课程相提并论给人的感觉就是"人"这个大前提被忽略了，仅余工具性，从而弱化了师生"人"的因素。从本质上来看，课程是学校最主要、最基本的一项程序、制度，所以它存在着方向性，同时还具有改变人本质的核心属性，正因如此，学校行政领导、学术权威就成了课程的依靠。在影响学校教育的本质责任方面，课程领导力尤其是校长对于课程领导力的认知与推行能力极为关键。高水平的课程领导是当代学校教育的一种必备条件。

2. 校本课程角度

郑金洲指出，学校从本身教育思想、理念入手，以学校学生需求为基础展开全面评估，充分利用学校与当地社区课程资源，通过和专业人员协作、研讨设计等手段完成的可供学生选择的多样化课程，就是校本课程。钟启泉认为，学校有效自行决定校本课程，满足社区与学生发展需求是校本课程的目的所在，差异性与多样性是校本课程强调的重点，学生有权决定自己的选修课程。乡土类课程、学校特色类课程和学生兴趣类课程是侧重点。教师是课程开发的主体，课程的基本形式一般是选修课程。叶澜指出，校本课程隶属学校课程体系，它和地方课程、国家课程一同构成了三级课程结构。校本课程的编制主体是学校，是由学校自行设计、设置并全面实施的课程，与地方课程、国家课程相对。《基础教育课程改革纲要(试行)》指出："校本课程是以学校教师为主体，在具体实施国家课程和地方课程的前提下，通过对本校学生的需求进行科学评估，充分利用当地社区和学校的课程资源，根据学校的办学思想而开发的多样性、可供学生选择的课程。"《普通高中课程方案和语文等学科课程标准(2017年版)》规定："普通高中开设语文、数学、外语、思想政治、历史、地理、物理、化学、生物学、技术、艺术、体育与健康科目和综合实践活动等国家课程以及校本课程。"这是有关科目开设的最新表述。

由此可见，学校是校本课程编制、选择及实施的主体。校本课程区别于国家课程之处就是权力在学校而非上级，体现的是学校意志。以学校为主体是校本课程强调的重点，教师是建设校本课程的核心角色。教师可以把有价值的经验提供给学生，对学生的需要了解得最深刻也最透彻。因此，该模式中的课程更倾向于学生经验，实质上也就是相关学者指出的："课程是基于学校指导而被学习者所获的各种经验。"此类取向实质上将学生的学习成果与学习过程同时考虑在内，学生学习经验也是其关注的一个重点，教师教学方法的弹性较大，所以教师通常对学生经验获取质量和数量的影响力也最大。校长是教师的主要领导者及意志的集中代表，无论是在建立办学理念、统筹各类课程资源方面，还是在调动教师主动性等方面，都具有引领作用。

(二)校本课程建设

1. 课程的体系化

课程体系是学校课程以层次、门类次序为基础排列而成的一种综合性、整体性结构，其实质上就是课程教学进程和内容的集合。科学合理的课程体系直接决定着高质量人才的培养。价值取向本身属于课程体系化实践中需要着重强调的一个重点，整个课程体系建设必须在高位价值引领下展开。将"立德树人"当成课程体系开发的切入点与归宿，以"整体育人"思想为基础全面完成学校课程体系的设置。

构建学校课程体系可以采用"三化"路径，"三化"路径源于实践，操作便利、简单。"三化"路径的具体描述如下：(1)教育内容课程化，即将课程的规则、要素、程序与学生生活、学习及成长相吻合的各种内容转变成课程；(2)核心素养校本化，即以核心素养、三个重点为培养内容，以"人的标准"为依据设计各学校的育人目标，并在此基础上设计富有学校特色的课程的目标与内容，最终完成整体课程体系的设计与构建；(3)课程结构体系化。

在实践当中，学校课程体系分为两部分进行设计：一部分是提炼总结学校的育人目标，另一部分才是构建学校课程体系。也就是学校围绕着育人目标设计来完成学校的上层建筑、意识形态，然后将育人目标转化为课程目标，再围绕着课程目标来做相关的课程内容设计、课程结构体系设计，确定具体实施的途径等。

2. 课程的综合化

《基础教育课程改革纲要(试行)》(以下简称《纲要》)明确提出了课程结构方面的不足，课程综合化是对《纲要》的积极响应。课程结构改革过于偏向学科本位，从而导致科目数量太多，整合不充分，应从整体上设计课程门类与课时比例，同时设置综合课程，以便在满足学生发展需求的同时，也把课程结构的选择性、综合性及均衡性体现出来。

《纲要》同时提出："小学阶段以综合课程为主；初中阶段设置分科与综合相结合的课程，积极倡导各地选择综合课程；高中以分科课程为主。"该基本原则使课程综合化的基本思路清晰地呈现在我们眼前。

课程综合化主要是指各学科的一致性与关联性，它强调避免过分、过早地关注各领域间的界限与区别，其意图是预防各领域出现互相脱节或重复的隔离状态及由此形成课程设计的原则、方针或思路。

3. 跨学科整合

跨学科与多学科概念不同，跨学科整合存在着特殊标准、规则与内涵。跨学科必须以学科为基础，超越单学科研究视野，研究并处理现实问题，对全面认识处理的复杂问题或课题加以关注，明确思维模式与研究方法，促进新产品、新认知的形成，最终基于跨学科实现创造、创新。比如，STEM课程并非数门学科的综合或融合，它倡导一种跨学科、跨学习领域的学习方法，通过既有学科知识完成综合问题的处理。在全面实施校本课程实践的过程中有必要深入分析创新学科的内在本质。

部分地区或学校在跨学科教研过程中组建了各种各样的教研组，以特定教学主题为中心统一听课、备课，开展课后反思，各类新型伙伴关系逐步形成。比如，浙江省宁波市奉化区的 COP 项目，小学、初中、高中各年级、各学科教师一同参与，在课堂观察过程中开展跨学科教研实践活动，活动中各年级、各学科教师互相交流、沟通、融合，打破原来"自扫门前雪"闭门造车的状态，通过交流、对话和研究讨论促进各自发现问题、研究问题、处理问题能力的提升。

4. 跨领域学习

跨领域学习同样也是一种学习思路，是一种全新尝试，与跨时空、跨文化、跨领域、跨行业相关。其典型特征就是提高能力、挖掘潜力、激发灵感、开阔眼界。跨界学习的重点是以学习主题为基础，对学习资源进行整合，基于不同的学习方式实现最理想的学习效果。

5. 项目化学习

学科项目化学习的两类任务：一是学习课程标准中的关键能力或概念，二是培养创造性、批判性思维、探究与解决问题、合作等重要的跨学科素养。

6. 学科课程基地化

江苏省高中学科基地数量众多，学科课程基地化是将"课程物化"改革理念落到实处，即基地建设主要是想把各学校学科的优势充分体现出来，以此构建合理、科学的课程体系，将课程教学规范高效展开，全面建立品牌学科。

7. 功能教室主题化

以学科或教育主题为基础定位功能教室，与此同时基于主题进行有关设备的配置，这就是功能教室主题化的全部内涵。当前更具实用性、更加实体化思路与做法的是教师工作室。

8. 学习空间场馆化

功能室为功能室、教室为教室是传统形态，它们的意图主要是凸显学习功能，学习化学校包括教室、功能室在内的所有环境、场合。"五馆课程"是北京市朝阳区第二实验小学率先提出来的改革思路，它是循序渐进地将体育馆课程、图书馆课程、科技馆课程、艺术馆课程、博物馆课程用五条走廊连成一体的模式。

9. 特色课程博物馆化

特色课程博物馆化方面的典型当数北京市十一学校，它将学校的校史馆层面拔高至博物馆层面，融展出、陈列、典藏、研究等要素于一体，强调学生活动的主题，体现实践育人、整体育人功能。成都市万春小学剪纸博物馆成立后，通过既有空间资料博物馆化而将近年来积累的各种优势资源连接起来，取得了极其显著的成果。

10. 校本课程乡土化

利用本土的地貌、政治、风光、历史等作为课程资源，全面推进校本课程开发与实施工作。此类课程资源乡土气息浓郁，浅显易懂，更加直观，能有效展示出课程的特色文化，发挥了理想的平台效应。

第三章
特色与创新：校本课程的决策与规划

　　集权式课程管理是传统的高中管理模式，在此模式中学校更富课程执行者角色的特点。当前，新课程改革正在有条不紊地向前推进，学校因全面确立三级课程管理体制而获得了相应课程的开发与管理权，但同样也面临着学校课程规划的现实困境与新挑战。学校在三级课程管理体制中必须具备综合设计、实施、管理与评价校本课程、地方课程、国家课程功能。制定学校课程方案是每一所学校的工作重心，学校课程体系的开发更是各学校当前全部工作的核心。从学校本身来看，当务之急就是找到既设课程方案切实贯彻落实及获取良好效果的途径。

　　学校课程规划既是课程政策变革的要求，也是学校实现自身价值的反应。学校课程规划本质上属于学校课程方略的谋划过程，基本环节包括学校课程愿景的确立、学校课程方案的整体设计以及学校课程方案的具体实施等。学校课程规划属于学校现状与学校课程愿景之间的一种持续不断调适的过程，需要通过建立课程规划组织、研究学校课程的问题与发展方向、拟订学校课程规划草案、征求多方意见等来实现。①

---

① 　和学新、乌焕焕：《学校课程规划：动力、向度与路径》，载《中国教育学刊》，2011(2)。

学校课程方案构建

一、学校课程方案的整体设计 >>>>>>>

（一）学校课程方案的含义

学校课程方案是以地方课程、国家课程方案为前提，以学校现实状况为基础，全面分析学生与社会发展需要后，多纬度、整体规划设计学校课程的一种文本结果，课程评价、课程目标、课程管理与实施、课程结构与设置、学校基本情况等全部包括在内。它不但是具体落实地方课程和国家课程的基本表现，还是学校教学工作开展与课程规划的指导性和纲领性文件。制定学校课程方案时必须要全面落实国家教育政策，同时还应以学校为基础将学校的创新能力体现出来。

学校应从自身的办学目标、教育教学的客观规律和学生身心发展的现实需要等方面入手，精心规划、组织制定学校课程方案。基于学校全体教师参与、管理机制的完善、教育资源的整合，切实落实学校课程方案，为学校教育教学实践提供全面指导，利用合理的评价策略对学校课程方案进行补充和完善。

（二）学校课程方案的基本要素

学校课程方案通常由以下几方面内容组成。

1. 学校背景分析

学校课程方案起点就是学校背景的分析，涵盖总体分析、介绍学校的办学优势、办学理念、办学传统以及生源状况、办学环境、师资与物资条件、存在的问题等。在全面、客观、科学分析学校背景基础上编制而成的课程方案通常更具针对性，方案的有效性也更突出。

2. 课程目标

课程目标不明确、不清晰，学校课程建设就会杂乱无序。课程目标关注的重点主要就是怎样才能够以学校办学理念为前提有效保障教育质量达到国家规定的基本标准，从而实现学生发展最大化目标。课程建设目标、教师发展目标和学生培养目标是必须确立的三个目标。课程建设目标阐述的切入点可以是本校特色或薄弱课程，也可以是学校课程、地方或国家课程；教师发展目标阐述的切入点可以是教师专业水平的提升；学生培养目标本质上属于年级目标等方案目标的具体化，学校特色目标为重点。课程目标的提出必须是在与课程方案要求吻合的前提下，并以学校背景的分析结论为基础，并且用准确、简洁的文字来完成课程目标的表达。

3. 课程结构

课程目标具体表现为课程结构，课程结构应基于课程目标来确立。课程结构界定了所有课程类型，也厘清了学校课程体系内具体学科科目的比例与位置。作为学校各类课程组织与分配的课程结构，能以学习需要、学科功能与类别、课程目标进行划分。

4. 课程设置

学校课程方案的核心是课程设置，它是课程目标实现的基本平台，包括课程设置的比例、人员、时间、课程内容统筹等，即地方课程、国家课程在学校课程中所占比例及课时的安排，探究型课程、拓展型课程内容的选择和开设形式，课程开设的具体安排等。课程设置及其课时安排必须要以课程方案标准为基础将课程门类开齐开足，为不同的课程课时提供保障。

5. 课程实施与管理

学校课程目标实现的前提是课程实施和管理，界定学校配套的保障体系、课程管理的主导性措施、课程实施的主要标准等是这部分的主要内容。

6. 课程评价

本部分内容详细地规定了学校探究型课程、拓展型课程、基础型课程的评价主体、评价方式、评价内容、评价标准和评价规则及反馈渠道等。

(一)学校课程方案的编制原则

学校课程理念是学校课程方案中各种要素产生与发展的基础，在课程方案编制过程中要确保各种要素具有统一理念。要实现这个目标就必须以下列原则为依据开展课程方案的具体编制。

1. 科学性原则

通过对有关文献资料的梳理分析表明，无论是哪一个国家或哪一个地区，也无论是哪一级别、哪一类型的学校，其学校课程全部设置了统一性的规定、标准，即在课程方案制定过程中学校必须全面考虑国家教育政策标准，在与国家政策标准相吻合的前提下规划本校课程。学校课程方案能够满足学生的个体差异及其生理和心理方面健康发展的阶段性需要，因为最合理的课程方案通常就是对学生发展需求给予全面关注的课程方案。课程改革方案能否成功设计完成，必须要经过充分的理论分析与论证，必须确认本项改革的现实可行性。因此，本书认为可以将可行性分析当成一种需要与可能、效果与愿望之间的关系测试。在正式投入使用学校课程方案前应对其进行科学评价，以此来完成方案可行性的论证及确定，从学校层面来看，课程方案没有可行性便没有任何意义。

2. 问题解决原则

课程开发与管理实施过程中，不同的学校通常会面临不同的问题。学校课程规划的服务目标是学校发展，因此在学校课程方案制定过程中应基于学校现状将学校的发展需要体现出来，将课程开发、实施作为重点对待，在探索与实践过程中找到处理问题的策略。普通高中是否优秀，评价的标准有两点：其一，是否善于聚焦真实问题；其二，是否可以顺利找到处理问题的策略，并将问题就此妥善处理。只有以问题为中心展开持续分析，才能真正找到学校现状与政府政策的融合点，才能真正实现学校课程方案的自行完善。

3. 真诚对话原则

真诚而普遍性的对话是学校课程方案编制的基础，与此同时，学校课程方案编制过程自身也属于交流与对话的过程，比如，和教师对话、和学生对话、和学生家长对话。

第一，实施学校课程方案的主体是教师，教师是学校课程方案服务的第一对象，教师必须能看懂并理解方案文本的内容，同时能够顺利获得方案文本的有关指导。同时，教师也是编制、完善学校课程方案的主体，课程方案的质量及其实施成效主要取决于教师的参与程度。所以，在学校课程方案的编制完善阶段中必须多措并举，只有如此才能调动教师参与方案修改、完善的主动性和积极性。比如，可以通过智慧教育平台、QQ群、微信群、校务公开栏等引导教师建言献策，为教师创造多元化的意见表达平台和场合；可以利用集体讨论形式来收集教师关于课程方案编制的建议与意见，有效运用团队力量，利用全面对话来编制、完善课程方案，从本质上提高课程方案编制与实施的质量，增强方案编制与实施的成效。

第二，课程领导一方面应加强和教师之间友好、坦率的交流，另一方面应全面拓宽参与完善课程方案的人员范围。促进学生发展是学校课程建设的基本目标，应把学生作为关注的核心，强化学生的需求与学情调研，将更多的选择权与选择时机提供给学生。之所以如此，主要是由于课程结构优化实施的过程实质上就是满足学生需求的过程，基于课程结构优化的课程才是学生真正喜爱的课程，才是学生真正感兴趣的课程。

第三，学生、教师、学校领导和家长都是学校课程方案的使用对象。学生家长通常存在着职业差异，其阅历也不一样，学生家长本身也是学校课程资源的有机组成部分，他们能够基于内容对课程方案进行充实、完善，对课程方案的合理性与科学性做出审视和全面评价。所以，学生家长应该被学校当作学校教育的合作方，学校应引导学生家长及时、有效补充和完善课程方案。

4. 系统架构原则

整体性是学校课程的基本属性，课程领导必须以课程整体为基础来系统思考、架构课程的各个方面，以便整体价值能通过学校课程得到体现，从而使学校、教师、学生的发展始终处于最理想的状态。系统架构需要满足下列标准：第一，应将"全面规划"体现出来，也就是从整体视角来系统设计并定位学校的全部课程、活动，从内容、目标、实施、评价几个层面有机整合各种课程与活动，与课程方案实现系统化融合；第二，应将"全程规划"体现出来，即编制、完善学校课程方案时应全面顾及评价管理、实施过程、规划文本、反馈修正全面过程，教师专业发展和学校课程管理、课程评价、课程实施、发展愿景、课程理念以及制度的构建与运行、落实课程方案的组织保障全部涵盖其中。

5．动态完善原则

实践表明，编制、完善学校课程方案工作具有持续性特征，无法在短期内完成。但在课程方案自我完善环节，许多学校不但意识不足，关于自我完善、组织管理保障的步骤梳理、设计也明显不足。自我完善是优秀的学校课程方案的基本条件，学校课程领导必须年年开展探讨、归纳、反思、评价及完善工作，才有可能形成螺旋上升趋势，学校发展的适应性才更理想，才能为学校课程实践提供更理想的指导。

课程领导共同体不但要注重机制建设，还要善于观察分析政策法规，对教育方针的更新要敏感，跟上时代发展步伐，在课程方案中全面融入时代的新要求，确保课程方案的连续性，以此进一步完善课程方案。同时还要正确面对、分析和应对处理课程实施时发生的新问题以及面临的新挑战。课程评价能提供实践依据，指导课程方案持续完善。所以，学校有必要将课程实施程度评价与课程本身评价有效利用起来，在此过程中以评促改，且将评价结论向课程方案完善阶段进行反馈，使课程方案评价可以就此真正成为首轮课程方案的终点、次轮方案的起点。

（二）学校课程方案的编制案例

学校在规划、设计课程方案时，充分落实课程方案编制原则，形成完整的课程方案要素。《奉化区第二中学课程方案》充分完整地体现了这些。《奉化区第二中学课程方案》的目录设计如下。

第一部分　校情分析

一、学校概况

二、学生基础

三、社会和家长期望

二、制度保障

三、课程资源保障

（一）师资保障

（二）经费保障

（三）资源保障

普通高中课程领导力的校本建构

第二节

校本课程决策剖析

　　从课程开发角度来看，校本课程是教育权力分权化思想的基本表现，重新分配课程开发责任与职权是其关注的重点与核心。从实践来看，表现为"研制—开发—普及""本位为国家""主体为课程专家""实施程序为自上而下"。传统课程运作模式问题很多，如由于没有充分尊重教师教学自主性与专业水平的提升，致使教师无法准确认识、领会课程精神而影响教学实效性，由此弱化课程革新能力等。于是，我们开始全面反思这种国家课程模式的优劣，在反思过程中逐步形成了一种新型开发思想，即由课程实施者——教师产生课程决策，而且受到课程决策影响的所有人均应参与课程决策。①

一、基于教育权力的课程决策权 >>>>>>>

　　在课程发展过程中完成教育手段与目的的判断与选择，由此所产生的学生应该学习什么样的课程的判断与决定的过程，就是课程决策。课程发展实践决定了学生的学习目标、内容、方法及学生学习的评价策略等，此过程属于课程决策范畴。因此课程决策的概念是课程发展实践中特定的权力主体产生的相关决定的过程。

---

① 于洁：《学前儿童参与课程决策的思考与展望》，硕士学位论文，贵州师范大学，2015。

(一)国家和地方课程决策中所体现的教育权力

在过去，无论教材、教学大纲、教学计划怎么变，国家课程的地位没有变化；无论学校、地区差异如何，统一教材用于同类学校的格局数十年如一日的保持稳定，教材、大纲和标准是教师教学的主要依据。所以，学校课程、地方课程在这一时期内实质上处于空白状态。其间，教学计划在 20 世纪 60~80 年代时略有调整，即允许高中有选修课程，不过因为国家课程比例占据绝对优势，高中选修课程占比仅约 5%，因此这种调整实质上几乎没有发挥出什么影响力。

20 世纪 90 年代末我国学校、地方和国家均有相应的课程决策权限。选修课程的大量开设、"一纲多本"原则的采用等，学校课程、地方课程开始流行，标志着国内课程决策权出现再分配、下沉迹象。比如，各地有权以本地文化、经济及社会发展现状为依据采用与本地现状相符的教材，富含乡土特色的选修课程开始走进课堂。

在执行校外研发课程时，学生、教师、学校肩膀上承担的责任更大、更重，决策权更多，这就是课程决策自主化。在此过程中，学校属于自主机构，学校自主管理的一个主要任务就是课程决策，以学校特点为切入点进行课程编制是课程决策自主化的基本标志。教师在课程决策自主化时具有课程决策者、执行者及评价者、发展者和规划者的身份。教师通常最了解学校整体课程结构，因此能有效避免盲人摸象的现象，而且教师专业素养越高，乡土化、本土化教材与课程开发水平越高。课程决策自主化在提升学校决策权与自主权的过程中增加了学校的绩效责任。课程决策权与各方面、多层次力量相关，如国家力量、地方力量、学校力量，甚至学生力量、家长力量、教师力量、课程专家力量。

(二)校本课程决策

1. 校本课程决策的性质

学校自行开发校本课程时要以学生需求、学校现状为基础，在课程决策、开发、实施与评价过程中要吸引社区代表、家长、课程专家、学生、教师、校长等一同参与。

自主决策属于民主决策范畴，具有开放性特征，但自主决策并不是取代国家课程的决策，而是指学校以国家课程方案为基础，以学生需求及学校现状为切入点而自行制定或选择适合学校教育教学实践的教法、教材，是对教师专业创新精神的尊重和激励，也是对学生兴趣与需求的尊重。在国家课程允许的条件下学校可以通过民主方式开发特色课程，以本地社区资源、经济状况、教育环境及学校办学宗旨与现实状况为依据创建校园特色文化，这种过程实质上是学校依法分享国家、地方教育权。因此，自主决策不仅体现了教育权力分散化，而且同样标志着课程运作思想的转化。

2. 校本课程决策的条件

教育权力分权化内容众多，校本课程决策为其中之一。国家、地方基于相应的法规、政策、渠道赋予了学校课程决策自主权，实质上利用对教育实践者——教师的行动与决策参与来实现国家、学校办学水平和教学质量的提升。参与者必须认识并理解只调整部分内容或进程与将带来本质改变的变革之间的区别，应具备变革的能力。由于教育系统一直以来具有某种程度的依赖性，所以教育权力分权化只能逐步实现。由于经济全球化挑战速度极快，所以教育系统面临的最现实的威胁与挑战就是如何面对矛盾并找到平衡与协调的方法。

决策同时还要求所有参与主体对课程理念有所认识和了解，着眼于提升专业水准，尤其是提高教师的课程专业能力。从某种程度上来看，学校必须是教师人事探究，特别是行动分析、全面开展课程编制的主战场。学校与政府有必要把自主决策、自主反思和自主探究的时机创造出来并提供给教师。学校与政府同样也有必要为社区、家长和学生的决策参与提供保障。

学生的能力及其现实需求通常存在差异，各学校教育资源、现实状态同样也具有差异性，因此不同的学生执行课程的能力也不同。课程之所以能有效促进社会及学生生理与心理平稳、健康发展，课程适切性是一个主体因素。所以，学校自行完成的课程决策通常与学校本身及学生的学习与生活实际最吻合，这也表明其适切性更理想，办学特色从而也更容易形成。

社区代表、家长、课程专家、学生、教师、校长之间权力如何分配，实质上就是一种极为重要的决策内容。校长具有教育权，包括管理学校、领导并监督教学；教师负责组织教学活动，教育并影响学生。学生属于课程实施与创生的参与者、学校课程服务的目标和教育的对象。课程选择是学生的权利，他们对课程优劣评价也最有资格；家长、学生属于学校教育的客户，客户需求必须得到服务提供方——学校教育的满足，才会具备生存和发展的可能性，学校、社会和家庭是教育的支撑，也是教育的合作方，所以专家、社区、家长等是学校教育的一个基本构成部分，参与学校教育权合理、合法。

(一)校长领导权

学校效能运动兴起于 20 世纪 80 年代，学校内部管理是其关注的重点，校本管理等改革也因此正式开启，将更多自主管理权赋予学校的呼声日益高涨。许多学校为此也开展了大规模学校管理改革，不过学校课程与教学依然未能引起学校领导的高度重视，从而导致学校领导尤其是学校主要领导的工作重心发生偏离。所以本次改革运动并未能从本质上改善学校效能。正因如此，部分学者才主张课程、教学必须成为学校领导者关注的焦点，否则提升学校效能就等于纸上谈兵。

领导者的个人权威与法律授权是校长课程领导权实施的基础，应在个人权威的主导下进行。实践表明，在教学、课程方面校长具有的专业权威可以通过校长课程领导得到完整展示。课程领导需要不断摸索，因为并没有一套现成的、正确的、唯一的和固定的领导角色模式。以下为校长课程领导的几个核心要素：第一，基于现实状况完成领导角色的筛选；第二，校长可以清晰界定自己在所面对的情境下的领导角色，从而避免个人或团体内部角色矛盾；第三，在个体角色类型与范围界定完成的前提下，校长应使学校成员对其所扮演并体现出来的角色有切身体验，确保领导角色清晰。

资源支持是课程改革的驱动力，任何课程均如此，只有具备资源支持，课程改革才可以切实落实，也才能取得最终成功，因此资源支持也是校长课程领导应高度关注的问题。校长在校本课程方案未开发成功前有必要以学校所处地区的文化、经济等资源情况为基础，同时结合学校教师专业能力等实际情况，挖掘优势课程资源，开展相关资料的搜集、梳理和整合工作，领导教师进行校本课程方案的制定。开发出课程方案后作为决策领导人的校长，应将可利用的各种资源充分利用起来，确保能提供给学生、教师充足的资源，以便在满足他们对课程标准实施的场所、材料、设备、信息和时间等最基本要求的前提下创设有利于探索研究灵活性学习环境。

（二）教师主导权

教师对学生的需求最了解，对学校环境也最为熟悉，因此也最有资格参与决策过程，对决策结果能发挥本质影响。参与决策可以让教师获得更多的了解，全面形成支持意识。教师只要参与决策，获任某项课程的可能性、机会便会增加很多，就此在其所承担课程发展方面体现出自己的推动作用。建立并引导某种充满正能量的风气是教师的基本能力，并且教师有能力形成让学生认可、支持并乐于接受的班级课程，而且还能够有效引导教育社区成员、家长，获得他们的理解、认可及支持。

采用三级课程管理体制，将地方和国家权力下沉给学校实质上是一种理性分权行为，最大的受益者便是作为课程直接实施者的教师，其同样表明教师也获得了一定的课程权力，并以教师有权参与课程决策为基本表现。国内教师课程主导权通常体现在两个层面，即课堂层面和学校层面。

参与课程决策。学校课程行为的重点主要是实施地方课程、国家课程及开发并实施校本课程。从地方课程、国家课程范围来看，教师课程决策主要表现在基于课程标准框架与国家课程方案，结合学生、班级、学校现状，对授课进度、课时分配、课程设置等进行调节，最终有针对性地实施地方课程和国家课程。校长有必要从学校层面来对教师进行准确引导，全面下放课程权，为学校教师特别是一线教师"赋权增能"，对教师的智慧与思维给予充分尊重，一同为完善课程决策发力。

从实施层面来看，课程实质上是社会控制个体学习的一种基本手段和方式，课程决策是此类控制的中心程序，但课程决策存在着合理化问题。课程决策本质上属于教育范畴内的社会控制，但若它忽略了教师环节，将教师从这种教育范畴内的社会控制中排除，则这种社会控制就不再具有合理性，更难具有科学性。教师是从事教育工作的专业人员，具备各种专业知识与教育教学理论，能提供其他人员不具备的各种资讯，促进课程决策效率与科学性的提升，满足学生需求和教育需求。

（三）学生主体权

学生参与课程决策并成为决策主体的理论基础是教育民主。合理、公正的分配权力可以确保公众全面参与社会事务决策，这是民主的本质。教育教学管理及决策吸引家长、学生、教师共同参与，这是教育民主的基本观点，也是所倡导的基本原则。学生之所以要学习，是因为他们要成长发展，因此学生的学习行为与学生的切身利益密切相关。学生有权决定自己的学习内容、学习目标、学习方法和学习成效评价机制。基于教育民主背景，在课程决策过程中向学生赋权，认可并支持学生获得学习主体地位，这是教学部门必须认真考虑并实践的一个问题。一直以来，我国家长、教师、学生等只是课程决策的旁观者，没有任何权力，因此课程与学生学习、生活的具体需求不合拍，无法调动学生积极性。校本课程是在科学评估学生需求基础上，将学校及所在社区课程资源充分利用起来而设计成功的可供学生选择的多样性课程。学生如果不能够以主体身份参与校本课程决策，势必会从本质上影响到校本课程开发的实效性，不符合教育民主思想。

从教育内容的选择和组织、目标的确立、教学的实施和评价方面来看，学校必须和学生实际需求相结合。决策时，学校如果将学生拒之门外，没有向学生赋予决策权，则极难根据学生需求与兴趣确立目标，所选择的课程内容就会与学生的需求相脱离，对学生掌握文化与科学知识不利，有效评价也难以做出，理想教学效果也无从谈起。学校在决策过程中要认真倾听、了解学生关于校本课程改革的体验与意见，引导学生主动参与决策，让学生真正成为决策主体，只有如此，才能保证课程内容与学生的需要和兴趣相吻合，确保教学目标具有可操作性。

国家课程政策同样应倡导、支持学生的决策主体地位，引导、激励学生主动参与决策过程。可以基于政策为学生参与决策提供政策性帮助、支持，为学生提供形式多样的决策参与途径。

三、校本课程决策建议 >>>>>>>

(一)建立和完善校本课程决策机构

决策机构的构建与完善属于学校决策事务的有机构成因素，是决策质量的基础，可以为各类决策参与者获得决策权、实质性参与决策提供保障。

1. 校本课程委员会

校本课程委员会通常应由课程专家、社区人员、学生代表、家长代表、教师代表、校长等组成，并履行下列基本职能：制定管理条例；制定培养计划；确定培养目标；参与决策并形成决策方案，并对决策方案的执行情况进行监督、检查。

2. 课程管理室

专门化学校课程管理行政机构即课程管理室，其组成人员包括学生代表、教师代表、教研组长、教科研主任，同时履行下列各项基本职能：明确教师岗位职责、校本课程管理制度，协调各年级组、教研组工作组织，落实课程管理措施，检查、评估各门课程，从物质与精神两个层面奖励表现突出的教师。

3. 校外课程委员会

校外课程委员会成立的主要目的是强化课程专家、社区和家长与学校之间的互动关系及联系，以便各路人员主动参与决策，为学校课程开发、课堂教学活动提供全面支持。

(二)构建系统完整的校本课程决策模式

奉化高级中学、奉化区第二中学在校本课程开发过程中积累了不少经验，并形成了一定的模式，如基础型课程校本化、拓展型课程多元化、研究型课程自主化的开发模式。校本课程决策程序为："教师开发—课程申报—课程审核—审核通过后进入选课"。但校本课程更需要一种理性、民主、科学的决策过程，学校需要进一步探索系统完整的校本课程决策模式。

第一，成立校本课程决策调查小组和审查小组。调查小组对学校、教师、家长、学生及社区等课程资源进行调查、整理和评估，为校本课程决策提供事实依据，并对学生进行综合调查评估，掌握学生的生理、心理需求及知识、能力水平，为校本课程的科学决策奠定基础。

第二，决策调查小组为校本课程委员会提供相关的调查结果，课程委员会结合调查结果，根据校本课程的课程目标、课程结构、开发方向等进行决策。

第三，审查小组对课程委员会呈递的校本课程进行审议，讨论确定实施与否。

第三节

制定校本课程建设规划

长远、持续地发展某一事情的方案或计划即为规划。课程规划是指长远计划并安排和课程有关的各项工作，目标是将与学生及社会发展需要相符合的相关课程筛选出来，为教师教学方式、方法的改进提供指导。系统、全面、长期策划校本选修课程的过程是校本课程规划的基本含义，即学校从实际入手，以特定的教学理念及有关教育政策、方针为依据对学校的外部环境、内部资源和可持续发展需要等因素进行整体考虑，以此整体设计并安排对学校的课程评价、课程实施与管理、课程结构与设置、课程目标等。形成完整的文本是校本课程规划的结果。[①]

一、课程建设规划 >>>>>>>

（一）学校课程建设规划的现状

在课程改革全面深化阶段，基于课程品质提升与课程建设强化将"立德树人"这一基本任务落到实处是时代研究的核心课题。学校课程建设有利于学校课程建设质量的提升，也有利于学校从本身优势入手完成和学生需要相吻合的课程开发，可以全面推动学生核心素养的培养，促进学生综合发展、整体发展、均衡发展和全面发展，加快基础教育课程改革步伐，增强现代中国课程改革活力。学校课程建设从某种程度来看属于现代中国基础教育改革持续深化的一种必然举措和必要条件。从普通高

---

① 崔允漷：《校本课程开发：理论与实践》，15～20页，北京，教育科学出版社，2000。

中学校课程建设的现状来看，其依然存在着部分现实缺陷。

1. 学校课程历史与现实需要没有受到应有的重视

从规划学校课程建设实践来看，知识本位依然是课程价值取向，也就是忽视学生实际需要与身心发展水平依然是课程价值倾向，只注重学生获取学业技能与知识。之所以学校价值取向不科学、不合理，与"学生发展为本"的理念未能在学校课程建设规划发展实践中得到有效坚持有关。分析特色课程的形成与确定因素可以发现，在现行课程建设规划过程中，学校并没有以既有课程基础为切入点进行特色课程构建，学校课程背景同样没有考虑在内。

2. 学校课程建设在学校课程管理中没有得到相应组织机构和机制的保障

课程领导学校课程建设规划实践中大多会开展专家咨询、现状调研、文献调查等工作，以便能够在了解认知可行性、意义及价值前提下进行设计。但只要完成课程规划建设，课程领导便不再持续关注以学生发展需求变化、学校软硬件环境改变、课程改革精神为基础展开适时调整的必要性。学校未能组建出专门性的课程发展组织机构，也未制定推动发展的相关制度，有的虽然已经设立了制度体系、组织机构等，但是没有贯彻落实到位，无法形成持续性发展机制。

3. 学校特色与课程特色、特色活动与特色课程在现实中有一定程度的混淆

学校课程建设规划的内容比较多，特色课程建设为其有机构成部分。学校特色与课程特色存在一定的区别，不过特色课程与办学特色二者之间具有极为密切的关系，学校一般会以办学特色为基础规划、开发课程。而实践中的课程特色与办学特色概念混淆，无法区别出办学特色与课程特色。和特色课程相比，特色活动依然处在初级零散状态，系统、稳定的课程体系仍旧没有形成，但特色课程的课程形态则比较稳定、完整，从性质方面来看，特色课程与特色活动有一些区别。

4. 规划的特色课程内容过于繁杂，不符合学校的课程理念及课程目标

学校特色课程规划实践中并没有以学校课程目标与课程理念为基础来确立学校特色课程规划内容，更多的是以学校课程领导主观意愿为依据对特色课程内容进行选择、设计和不加深究地简单堆砌。特色课程内容就此自然而然地复杂化，违背了普通高中课程目标与课程理念。之所以如此，很可能是因为在普通高中特色示范学校发展方面，学校出现了明显的"跟风"心态，最终导致课程实施方案中提及的课程目标与理念的内容性质与价值追求在特色课程内容规划实践中遭到忽视。

(二)课程建设规划的改进建议

1. 学校课程规划要注重学校课程的历史基础，并以学生的整体发展为出发点和归宿

课程建设要以学校传统课程历史为基础，对学校环境资源进行适度挖掘，以教师专业素质为基础在校内构建出系统化的课程体系。体系的形成不能一蹴而就，必须通过课程领导来进行持续性、长期性的分析、实施及积淀。以学生为本的思想在规划中应得到一如既往的坚持，而且推动学生综合发展是首要任务。因此学校在面对具体规划实践工作时必须以学生的学习需求和学习特征为切入点来研究其性质与价值，以学生身心发展特征及其爱好、兴趣为基本依据来设计调整具体内容和实施形式，以便和普通高中课程的特点更吻合。

2. 校本课程规划与发展要围绕学校的课程理念和课程目标来进行，避免主观性

在规划和发展校本课程实践中，学校应摒弃追赶时尚、标新立异等做法，避免浮躁心理，明确规划发展理念，以学校的课程目标、课程理念及办学哲学为中心建设系统性课程。学校要明确的内容必须是以总体课程目标或课程理念为基础规划的方向与总体思路，而非基于新颖性追求或为迎合社会与学生兴趣而过度看重知识技能的传授。要基于学校课程目标与课程理念进行内容的设置，全面杜绝主观随意现象，还要基于学校课程目标与课程理念来梳理内容，以此避免内容的叠加与重复，否则会导致学校课程超载或内容庞杂，不利于教学实践。

3. 重视并建立保障校本课程可持续发展的机制，使校本课程日益完善

学校一方面应对校本课程规划给予重视，另一方面应对正确的管理给予高度关注。为此，有必要设置校本课程发展规划的专门性组织机构，采用专人负责制进行校本课程设置，同时为所有参与者进行协调和分工，提供校本课程开发的组织保障。学校同样应着力完成有关设计、调整、评价与审议制度和策略的构建，打造出有效而全面的校本课程保障体系，以便及时发现具体实施过程中出现的矛盾与问题，及时调整、更新、完善方案，增强其在学生发展过程中的推动功能。

4. 明确特色课程的含义，在形式与内涵上彰显学校特色

在特色课程规划发展实践中，学校应将特色活动、学校特色等有关特色课程的概念厘清，以此进一步明确特色课程的方向与含义，提升特色课程建设的有效性。

学校特色课程直接决定着特色项目发展的"可持续"。特色课程可以将学校办学特色集中体现并充分反映出来，但它与学校特色并非完全等同，学校特色是一个整体性概念，学校特色课程只是它的组成部分。从办学特色理念、指导思想来看，学校有能力把特色项目经验转化为课程，总结提炼出特色化课程开发思维与实践成果，逐步将特色课程打造成功。

二、校本课程建设规划路径 ＞＞＞＞＞＞＞

（一）基于核心素养建设规划校本课程

1. 学生核心素养成为校本课程规划的"靶心"

应试教育、知识本位在新课程改革提出前贯穿在学校工作中的每一个环节，"教"与"学"的目标就是获得更多的所谓的"知识"，旨在提高学生的学业成绩。2001年《基础教育课程改革纲要(试行)》提出，要改变课程内容过于重视书本知识的情况，关注学生的学习兴趣和经验。之后，学校校本课程开发风起云涌。但从实践效果来看，尽管历经约20年的发展实践，学校课程依然没有形成统一、完整而系统的评价标准、价值取向和实施目标，改革乏力，改革目标不清晰，开展后劲不足。21世纪是知识世纪、信息世纪、科技世纪，知识增长极具爆炸性特色，科技水平发展一日千里，这更要求人类提高自身的素质，否则就难以有效适应经济全球化、科技化、信息化、网络化引领下的时代剧变，社会与个人协调发展也就难以实现。在此背景下，核心素养引发了全民关注。相关国际组织调查数据及其研究成果表明，基于终身学习、个人发展的核心素养模型有必要将传统课程标准体系全面取代。基于核心素养体系完成的课程设置，不但可以有效奠定学生的知识基础，而且还能提供给学生更多的空间，帮助学生为未来发展需要储备各种必备知识与技能。也就是说，学生核心素养是课程开发、实施与评价的核心，也是校本课程的终极目标，对实践具有深刻影响，对开发与实施校本选修课程具有决定性作用，所有教师都有必要在各自承担学科教学实践中全面融入核心素养的本质内涵，并在学科课程校本化中加以全面应用。

教育的每个环节都能从学生核心素养中找到原初本质，也必须借助学生核心素养培育经验来组织并评价课程内容，因为学生核心素养属于课程评价、学生学习乃至教师教学的基本依据。学校课程实施需要社区、家长、教师、学生等主体的共同参与，学生核心素养更是其行为的终极目标。基于课程实施全面贯彻落实核心素养，基于评价对核心素养达成与否做出评价，这充分表明课程开发与建设的基础就是学生核心素养，只有确定核心素养，顶层设计与统一性、整合性的实施才能真正完成。

2. 多样化课程共同实现核心素养的培育

核心素养与普通学科知识存在一定的区别。家国情怀、社会关爱、个人修养是国内核心素养相关政策、文件强调的重点，同时也注重创新实践、合作参与、自主发展。[①]因此，核心素养培育如果只借助常规课堂教学，实现难度极大，甚至根本无法实现。国家课程标准不但需要完整、统一，而且还需要严格执行，究其原因，主要是因为其可调整范围并非任意而无限的，应和学校特色相结合，将课程开发与实施的主动性体现出来。所以，一旦确定了核心素养，就要基于核心素养来开发并实施课程。核心素养想要兑现目标可以通过各种课程形态来实现，而更重视学生动手实践能力、学习体验的课程和社会情境与学生生活实际更贴近的综合性、跨学科性课程，对培养学生的核心素养更有利。[②] 奉化区第二中学校本课程规划开发的切入点是三个体验式教育特色课程群，学校在实施时以社区资源、学校特色为着力点，采用"无痕"式核心素养渗透教育。学生核心素养为此类课程目标的立足点，合作、自主、探究是课程实施强调的重心，课程内容密切贴合社会生活，更重视学生处理问题能力及适应性的培养。尤其在核心素养无法一一对应实际课程的条件下，学校更注重合力打造校本课程，以此为培育核心素养提供支撑，所以核心素养培育始终是规划的基础与前提。

---

① 吕晓蕊：《基于学生核心素养的校本课程建设——以上海市 F 学校为个案》，硕士学位论文，华东师范大学，2016。

② 邵朝友、周文叶、崔允漷：《基于核心素养的课程标准研制：国际经验与启示》，载《全球教育展望》，2015(8)。

(二)研究校本课程的多样性、特色性

1. 普通高中选修课程多样性辨析

大众化高中教育思想已全面取代传统的精英化高中培养理念,培养目标也随之改变,现代高中生培养目标与传统的"就业＋升学"模式有明显的不同。学生的个性发展与基础学力培养受到现代普通高中教育的更多关注,凸显出传统课程模式与时代发展及现代高中生培育标准之间的差异。实施多样化选修课程才能满足现代高中生的培养需求。

课程多样化的问题有以下两个方面。

(1)无"界"。将多样性与丰富性片面等同起来,从而导致只顾盲目增加课程数量现象的出现。将课程的多样性与数量扩张全面等同起来的一个显著结果就是导致课程数量多却无"界"。所谓"界"并不是让课程保持静止状态,也并非划定课程的有形边界,确定性课程很难适应学生学习需要和时代发展标准。

(2)无"序"。后现代课程极具代表性的一个观点为扰动性,变化是扰动的本质,扰动倡导变化、拒绝静止,课程协商因此形成。开放拒绝课程的封闭僵化,持全方位与多角度认可、接纳态度。以课程多样性观点为主导,高中选修课程目前通常以模块化课程策略为基础来进行课程内容的选择与实施,但模块过多、过杂,相互之间衔接、联系松散现象比较突出,需要着力解决。

2. 普通高中特色课程辨析

特色办学是普通高中特色课程建设与发展的基础,特色课程则是特色办学的最佳平台。从教育方向上来说,人本主义思想与普通高中特色课程相吻合,以人为本,满足学生个性化发展需要是特色课程的基本目标。从课程内容方面来说,特色课程清晰体现了多元智能理论。从课程评价方面来说,特色课程将传统评价模式直接否定,过程性评价逐渐成为主流,有效奠定了客观全面的学生评价模式。

课程的特色性可能带来的问题有以下几个方面。

(1)特在"表象"。高中同质化现象的改变激励着普通高中特色化办学,这是普通高中特色课程的主导思想。以区域特色、学校传统文化为主,以项目拉动学校特色课程这一发展模式已经成为大部分普通高中的

共同选择。如果单纯地基于学校层面来注重特色课程之"特色"，表面光鲜、实则无用，华而不实的特色课程极易出现，这类课程可以满足特色化办学和学校特色化这种表象需求，但根本无法体现特色课程开发的初衷，不具有可操作性。

(2)特在"片面"。废除因追逐升学目标而导致的普通高中同质化现象是鼓励特色办学的既定目标。不过从各地高中特色课程开发实践来看，另一种同质化特色课程极有可能取代目前模式。"艺体特色"现已成为国内高中特色化办学的首选，是同时兼顾成绩与特色的结果。特色课程开发片面化是与特色课程内涵的真实背离，同质化、片面化人才培养也就此成为必然结果。

(3)特在"疏离"。不管艺体特色课程是基于功利目的确立的，还是选修课程的特色是基于学校层面确立的，二者实质上都遭到了学生的抵触。由于特色化选修课程开发的目标是使学生可以基于个性化发展需求而做出符合自己未来发展方向的选择，所以其切入点不可以是除了学生以外的任何其他选择，包括学校。因现行考评制度，选修课程特色化就此更具检查应付意味，检查时特色选修课程是"座上宾"，而检查后，便再度进入"冷宫"，"面子工程"是最佳形容词。

3. 多样性与特色性的关系

多样性与特色性的关系主要体现在以下三个方面。

(1)多样性的目标是特色性，特色性的基础是多样性。选修课程的选择性必须要有多样性支持才能实现，而且课程自我发展与完善是选择性的本质，筛选、重组多样性选修课程后的其他课程是学校选修课程的备选，所以特色性的基础与前提就是多样性，特色性则是多样性选修课程的终极体现。只有利用特色性优化选修课程，才能满足学生需求，顺应社会发展态势，就此实现高中课程培养目标。

(2)特色未必多样，多样肯定特色。特色性的核心是多样性。课程多样性本身也是一种特色性，而课程特色性不一定表现为多样性。最初形成之前，特色课程特色性的基础就是多样性，且在课程多样性基础上逐步优质化，实现人无我有、人有我优这种课程发展的目标与愿景才是课程变化的最终方向。特色性的起点之一就是多样性，不过其终极目标未必就是多样性。

(3)特色性重质量，多样性重数量。选修课程多样性的基础或前提是一定数量的课程科目，想要实现选修课程的选择性，就必须具备数量上的多样性。经过课程优化和变革筛选而保留下来的选修课程肯定是优质的和具有特色性的。课程发展变革的必然要求就是特色性的质量是多样性数量的终极服务对象。

课程变革无论倾向于特色性或多样性的哪一种，全面奠定学生个性化发展基础是其不变的目标。普通高中选修课程的必然性发展趋势就是优化多样性，并且一直优化至特色性。

(三)关注重要的课程资源——学生

学校以实际条件为基础开发出与学校发展需求相吻合的课程，这是开发的基本意义。学情是最大的校情。要对学生个性发展有利就要学校以学生发展需求为前提来开发自己的课程，开发特色课程也必须将学生作为考虑重点，将多样性与灵活性体现出来，充实学生学习经历，将"学会做人、学习创新"作为培养方向。校本课程建设可以从以下几方面考虑。

1. 学生的生活即课程

学校教育的最理想状态是让学生愿意基于生活而获得知识、经验。只有把现实生活充分利用起来，才能奠定学生未来职业规划的基础。体验性课程具有探索性与实践性，智力开发、知识传授及未知求索、阅历积累为其关注的重点。因此，课程开发资源包括研究性学习、乡土文化、传统文化、学校活动、班级生活等。超越对知识的客观性、普遍性及抽象性喜好的课程更重视课程中与个人人生旅程、存在经验和生活经验有关的内容，这是课程开发的一个基本方向。如奉化区第二中学在"身心健康、志趣高雅、体验丰富、发展多元"这一教育目标实施过程中，结合学校的实际和优势构建了三大体验式教育特色课程群(见表3-1)。

表3-1　三大体验式教育特色课程群简目

课程群	课程简目
群体体育课程群	篮球、篮球裁判、足球、足球裁判、乒乓球、羽毛球、跆拳道、户外运动、啦啦操、网球、飞镖、排球裁判、定向、各类体育类社团及大体育活动等。

课程群	课程简目
公民素养 课程群	红十字救护员培训、高中生生涯规划课程、学校学生常规、团课党课等；远足活动、青年志愿者活动、成人仪式、校园"七大节"、职业调查、职业体验等。
海洋文化 课程群	奉化沿海地区民俗文化研究、奉化"莼湖十景"考证、海洋资源的开发与利用、中国第一渔村与海洋捕捞、船员四小证培训、奉化海洋经济的可持续发展、海洋动物行为学、梭子蟹养殖和渔家菜制作、贝壳 DIY 制作等。

2. 学生的兴趣即课程

兴趣始终与特定情绪相伴，具有内在选择性、趋向性，是对某种活动、事物或对象的一种心理倾向。"多方面兴趣"概念是赫尔巴特率先提出来的，指出均衡、全面、强烈地将学习者学习兴趣激发出来是教学的必要条件也是第一要务。学习者的兴趣能够有效促进学生探索更广博的知识，综合、平衡发展各种能力。知情交融结合有利于学生基于多样兴趣体验的不断聚焦而形成个性知识结构，有利于学习者的审慎思考，最终全面促进创新素养培育。学生兴趣不但外显，而且丰富多样，如对他人的兴趣、对生活的兴趣、对学习的兴趣，全面激发学生某一方面的兴趣爱好，有效鼓励学生以生活经验为基础追求个性化生活方式，就是普通高中特色课程开发、建设与实施的基本目标。如奉化区第二中学每年暑期开展以日语课程为核心内容的"走进大学中学生暑期夏令营活动"。

3. 学生的个性需求即课程

人具有社会性与个性对立统一的属性。所有人的个性都是独特的，不可能有两个个性完全一样的人，人也因个性而各具特色。普通高中学生价值观并未发育完善，而中学时代即将结束，求学或择业是高中毕业生人生的第一次重大考验。首要任务便是职业的选择和人生的规划，是步入社会参加工作，还是接受高等教育进一步深造，此时必须要做出决断。无论选择哪条道路，他们都面临着职业种类的选择或所学专业的考验。在具体的选择过程中，学生会将个人自主性表露无遗，并有效评估出个人适应性、能力、兴趣等，期待可以基于个人意愿完成个人选择。所以，育人价值通常表现为把课程选择提供给学生，以此持续充实学生个性经历，有效激发学生的兴趣与特长。

奉化区第二中学校本课程体系包括修德类、启智类、健体类、育美类、践行类五类课程，每类课程都包含了两个维度的系列课程，包括知识拓展、职业技能、兴趣特长、社会实践等选修课程体系(见表 3-2)。

表 3-2　奉化区第二中学校本课程体系

五大类选修课程	维度一	维度二
修德类课程	立志拼搏	高尚品格
启智类课程	知识视野	发展特长
健体类课程	强健体魄	阳光心灵
育美类课程	学会欣赏	审美情趣
践行类课程	主题活动	社团活动

第四章
规范与多样：校本课程开发与实施

　　广义的校本课程开发包括校本课程建设的校本课程规划、校本课程组织、校本课程实施和校本课程评价等所有过程。基于本书结构体系，本章主要从校本课程组织和校本课程实施两个方面探析课程领导力，即从狭义的校本开发与实施角度展开课程领导力的讨论。辨析清楚校长、教师、学生三个校本课程开发的核心主体和行业专家、课程顾问、课程研究单位、政府课程管理部门、学生家长等校本课程开发的次要主体在校本课程开发中的关系和地位；学校在国家课程、地方课程和校本课程的三级管理模式框架下，开展落实校本课程开发工作，即校本课程开发开设需要符合相应课程政策法规，需要学校在开足开齐各类型校本课程的前提下，不断完善学校校本课程的类型和数量，让学生获得充分的课程选择权，学校依托多元校本课程落实学生个性发展的培养目标；同时注重校本课程建设过程的研究，不断发现校本课程存在的问题，不断反思、完善校本课程。①

---

① 黄林：《教育权视野下的家长参与校本课程开发》，硕士学位论文，重庆师范大学，2007。

多主体的校本课程开发

　　校本课程开发是一项立足学校实际情况，展望学生发展，以学校教师为开发主体的课程建设策略。校本课程开发目的的达成需要校本课程开发者充分调研所在学校校情、所教学生学情和开设环境生态，抓住各种机会充分调动各方教学资源，打造具备学校特点、适合学生的课程，助力学校品牌发展、学生个性发展和教师职业化发展。学校需要利用好国内外在校本课程开发方面的优秀经验，打造校长、教师、学生和社会共同参与的校本课程开发"共同体"，形成开发合力，营造民主化开发氛围，明确各成员的角色定位，发挥各自的最大价值。打造结构化、层次化、系统化的校本课程体系，有效助力学生个性化发展、教师职业化发展和学校品牌化建设。

一、校长是校本课程开发的领路人 >>>>>>>

　　校长在校本课程开发中的主体地位与其在校本课程开发中承担的职责息息相关。自深化课程改革以来，学校课程设置权得到落实，学校的课程开发权进一步得到巩固，能否发挥课程开发权对学校发展的促进作用，校长是核心角色。校长对校本课程开发的重视程度，决定着学校特色发展情况。校长需要为校本课程开发的顺利落实承担如下职责：确立学校的办学理念和办学目标，建立高效的课程领导机构，构建学校内部民主、通畅的沟通机制，统筹校本课程开发的各方资源和因素，建立教师职业化发展的平台等。这些也是校长在校本课程内容组织上必须要承担的职责。①

(一)校长是校本课程开发的决策者

校本课程的内容结构体现了学校办学理念和办学哲学在学校教育教学实践中的落地情况,办学理念和办学哲学的明确与校长息息相关。校长是校本课程开发中课程内容组织的核心决策者,作用至关重要。虽然在形成学校办学理念和办学目标的过程中,不一定需要校长亲力亲为,但最终目标的确立是离不开校长的,所以优化学校办学理念和塑造学校品牌意识是校长的责任。校本课程开发是立足学校实际进行的活动,也是在学校办学理念的指导下进行的,并受办学理念的影响和制约。

在校长领导下,学校成立课程领导委员会,负责学校课程的管理与建设工作,委员会成员包括校长、校级领导、中层行政人员、教研组长、学科组长、教师代表和学生代表等。学校课程领导委员会的主要职责有:负责审议学校课程开发过程中出现的重要决策;审议制定选修课程开发方案以及相配套的各项制度;积极开展选修课程研发的指导工作,检查和监督选修课程开发方案的执行情况,确保选修课程开发质量;对申报开设的选修课程进行审核,确保开设选修课程的质量;研究制定学校的课程纲要模板,包括课程基本情况、课程理念、课程目标、课程内容、教科书的编写、实施建议等内容。

(二)校长是校本课程开发的激励者

建立教师主动参与校本课程开发的激励机制。校长的课程观决定着教师是否愿意主动参与校本课程的开发,校长需要具备激励意识,做好教师主动参与校本课程开发的鼓励和奖励工作,并且能够以身作则,参与校本课程开发。学校应采取多元措施激励教师参与和开展校本课程开发工作。

1. 校长基金激励机制

为激励教师参与开发校本课程的积极性,学校在校长基金中专门设立校本课程奖励项目,分为校级课程开发奖和上级精品课程奖两部分。其中,校级课程开发奖要求有完备的课程纲要、课程实施计划与资源,

---

① 杨骞:《校长作为课程领导者的认识与尝试》,载《中国教育学刊》,2012(11)。

同时经学校课程审定委员会审核认可和本学年度开设的校本课程；上级精品课程奖是指参与区、市、省教育行政部门组织的精品课程评选活动并且获奖的校本课程，奖励分为区级、市级和省级，每级奖励成倍递增。

2. 校级精品课程评选

为激励教师参与校本课程开发、开设的热情，加快学校的特色创建，提升学校校本课程质量，经课程审定委员会会议审核通过，决定学校每两年开展一次校级精品课程评选活动，邀请校外相关课程专家组成评审小组，按照制定的评选标准评选出校级精品课程。其中"海洋资源开发与利用""野外生存训练""侦探眼中的化学""走进青梅之乡，探寻寒梅文化""侦探推理""微电影拍摄及制作""指尖上的艺术""长寿与自然"和"校园定向"等课程被评为首届校级精品课程，给予一定的物质奖励。

3. 职称晋升指标组成

教师获奖的上级精品课程，作为科研成果记入教师业务档案，在学校中、高级职称评审推荐考核细则中作为评审项目中"科研、教改成果"的一项考核指标，精品校本课程等同于课题计算。

（三）校长是校本课程开发的保障者

校长是学校教育教学资源统筹运用者，只有校长才能为校本课程开发提供充足的课程资源保障，进而使教师能够有效落实自我课程观，激发教师参与校本课程开发能动性。深化课程改革能保证校本课程的开发、实施、评价和推广的顺利进行，提供充足的经费支持，保障资金到位是深化课程改革一个必要的条件，是提升教师参与深化课程改革积极性的一项重要措施。深化课程改革不能简单地依靠资金保障，还要依靠校本课程开发者的精神和理念的支撑，毕竟不是所有问题都能够依靠资金来解决的，需要注重精神激励，尤其是在经济条件欠发达的地区或教育经费不足的学校，更加需要注重校本课程开发资金的高效运用来克服资金不足问题。校长还要保证教师具有充足时间参与校本课程开发，对学校教育教学工作进行统筹安排，在日常工作中给予教师一定的校本课程开发时间。

二、教师是校本课程开发的落实者 >>>>>>>

教师是校本课程开发的核心主体，学校校本课程开发任务最终是要落实到教师肩上的，需要让教师去推动学校校本课程的结构化、层次化和系统化发展。教师承担校本课程开发的任务包括课程培养目标的制定、课程建设方案的研制、课程内容的选择、课程资源的选择与开发、课程实施策略的选择、课程评价策略的确立和课程发展问题的诊断分析等。学校校本课程开发的成功与教师的责任心、价值观、荣誉感、学生观、课程观和教育思想有关，也与教师课程开发水平、实施水平和研究水平有关。而学校校本课程开发水平将直接影响到学校的教育教学水平，对学校来讲是至关重要的。①

（一）教师是校本课程开发的执行者

在学校教育中，教师是重要的主体，校本课程开发最终是要落实到学校中的，在教师、学生和校长这三个基本主体中，教师的地位和角色最为突出，教师是校本课程开发中最根本的主体。主要原因包括以下几个方面。

1. 教师对学生最了解

学校是教育发生的主要场所，教师与学生朝夕相处，最能充分了解自己学生的兴趣和爱好。教师在此基础上进行课程内容组织，就能选择并开发出学生需要和喜欢的知识。

2. 教师能够主动承担责任

落实校本课程开发，教师要立足于教育资源与学生实际，自主进行课程内容的构建与选择，创新课程内容。进行课程内容组织，不仅是教师的责任，更是教师的权利。只有教师真正拥有并积极实践这样的权利，才能发挥教师在课程开发中的良好作用，教师在校本课程内容结构组织中的主体性才会得到体现。

---

① 田云伏：《教师专业发展与校本课程开发的问题与策略》，载《基础教育参考》，2004（4）。

3. 教师善于突破自我

校本课程开发需要教师在与课程相关的教育理念、专业水平等方面能够不断实现自我提升，这无疑是对教师专业水平的一个严峻考验。教师要在这个过程中克服畏难情绪，迎难而上，主动参加学习与培训，勇于突破自我。教师在突破自我的同时，还需要运用好国家、学校赐予的校本课程开发权，把握主动参与校本课程开发的机会。

(二)教师是课程内容结构的践行者

深入课程改革中，教师课程教学角色发生显著转变，不再是国家课程的简单实施者，而是校本课程开发的核心参与者。在以学校为开发主体的校本课程开发过程中，教师是校本课程开发最直接的开发主体，决定着课程内容的选择，也决定着课程内容结构的组织。教师能否主动、积极地参与到校本课程开发的内容选择中来是学校校本课程开发成败的关键。教师需要全身心地投入校本课程开发的所有环节中去，而不是像其他主体一样只是参加某一环节或某个阶段。在不同的阶段，教师也需要调整参与校本课程开发的策略，发挥不同的作用。首先，教师是课程内容结构组织的决策者。教师要成为校本课程内容结构组织的决策主体需要满足两个条件：一是教师有成为课程决策主体的环境，所谓课程决策主体的环境，就是说在校本课程开发中需要进行权力下放，赋予教师权力；二是教师要具有成为课程决策主体的能力。其次，教师是课程内容结构组织的实践者。教师在课程内容结构组织的主体性，在课程实践层面表现为在已经进行的课程内容组织的基础上，根据学生的特点和校本课程实施的具体情况，对所选择的课程内容进行再加工。最后，教师是课程内容结构组织的评价者。对校本课程内容评价的目的一方面是对选择的课程内容是否适合学生进行评估；另一方面则是对内容的科学性、正确性进行评价。校本课程内容的选择不是一蹴而就的，是需要开发者不断进行诊断、更新和完善的。

三、学生是校本课程开发的协助者 >>>>>>>

在校本课程开发过程中，学生能否成为主体，是近些年来人们日益关注的一个重要问题，也是一个长期被人们不断追问的问题。在校本课程开发过程中，学生是最大的受益者，课程内容组织的目的就是满足学生的兴趣爱好和发展需求，促进学生的个性化发展。这里的学生并不是抽象意义上的学生概念，而是每一个生动活泼的学生个体以及学生群体，他们应当成为选择课程内容的主体。[①] 校本课程开发主要包括资源的收集、选择和整合等，学生参与校本课程开发也主要体现在以下几个方面。

（一）学生是校本课程资源的收集者

教师可以让学生参与特定方向的课程资源的搜集过程，这样不仅可以让学生在搜集资源时拓宽眼界，还可以在寻求资源的过程中让学生更多地发挥主动性，增加学生的生命体验。在"野外生存技能"校本课程中，教师组织的摄食技能只介绍了荠菜、车前草、马头兰、黄栀、马齿苋、蒲公英六种植物类食物和蜗牛、蛙类两种动物类食物，学生在学习过程中比较感兴趣，感到学有余力，急需学习更多的相关知识。于是，学生以小组的形式通过考察地方志、植物志，进行实地考察和人物访谈等方式去收集奉化地区可食用和药用的食物，收集了几百种植物类食用、药用生物和几十种动物类食用、药用生物，主要记录其外观形态、生命周期、分布情况、食用价值、食用方法、药用价值和药用方法等。

（二）学生是校本课程资源的选择者

搜集的课程资源或多或少都和课程主题有关，但并不是所有的课程资源都和主题有直接联系，课程教学要求课程内容必须紧紧围绕课程主题。因此，搜集课程资源后，要进行课程资源的筛选。在这个环节中，可以让学生参与进来。还是以"野外生存技能"校本课程中的摄食技能为例，学生收集的几百种植物类生物和几十种动物类生物方面的教学资源体量明显过大，完成此部分的教学内容可能就需要 18 课时，但校本课程整体就只有 18 课时的上课时间，本部分教学安排了 3 课时。对学生收集的教学资源进行精简，为了实现教学材料更适合开展实地识别活动的设想，学生结合校园识别和九峰山识别选择身边常见的食用、药用生物，最终确定保留 28 种植物类生物和 27 种动物类生物，其中 27 种动物类生

---

① 赖树生：《基于学生发展核心素养校本课程建设的实践与思考》，载《内蒙古师范大学学报（教育科学版）》，2017(8)。

物基本上都是海洋动物。

（三）学生是校本课程资源的整合者

课程资源整合是课程开发的一个重要环节。课程资源在经过搜集、筛选后，在整体上仍然是一盘散沙，并没有形成一个有机的知识系统。教师可以让学生参与课程资源的整合，让学生建构知识系统的枝干，并基于各种资源知识的内在联系构建知识模块。在学生对各种知识进行分析，寻求知识内在关联，进行课程资源排列时，实际上就是学生对相关资源的主动梳理，这不仅有益于学生的知识积累，还有利于培养学生的主动思维能力。还是以"野外生存技能"校本课程为例，立足身边的常见生物，选择的生物种类都是莼湖地区的，所以在内容组织中去除生物的生命周期、分布情况、食用方法和药用方法等内容，保留生物的食用部位和药用价值两个部分的内容。学生进而完成《莼湖常见食用和药用生物手册》的编制工作，每一种生物的介绍仅包括图片、食用部位和药用价值三个方面，内容简洁，便于随身携带。

四、校外是校本课程开发的新增点 >>>>>>>>

校本课程开发需要充分重视校长、教师和学生这些核心主体的意见，但也不能否定学生家长、社区资源、教育机构、课程专家等次要主体的影响。能否充分调动这些次要主体的积极性和活跃度，将极大影响校本课程开发的成败。其中有关课程专家对校本课程开发的作用与影响将在第三节中加以论述。

学生家长、社区资源和教育机构对校本课程开发的作用与影响具体体现在以下三个方面。

（一）学生家长是校本课程开发的支持者

学生的健康成长是学校、家庭和社会共同努力的结果。学校和家长是学生全面发展的亲密合作者，他们的教育培养目标是一致的，在教育方法、手段和内容上构成互补关系。在校本课程开发过程中，学校和教师需要听取家长的意见和建议，获得家长的支持，与此同时家长也可以通过多种途径反映自己对校本课程的观点和态度。一些有特长的家长，可以主动参与校本课程开发。家长参与的主要方式有两种：一是全程参与型，二是阶段参与型。全程参与型是指家长从校本课程的设计规划开始到校本课程完善的全过程都参与其中，此类型对家长素质和能力的要求较高，需要家长具有特长甚至在某些方面是专家，此外，还需要家长保障自己有充足的时间参与。阶段参与型是指家长在学校校本课程开发设计、资源开发、课程实施或课程评价等校本课程建设的某些环节提供一些力所能及的帮助。学校可以通过家长委员会等形式，发掘学生家长的能力和特长，在校本课程开发时主动征询其意见和建议。[①]

（二）社区资源是校本课程开发的供给者

社区是除家庭和学校外对学生成长有巨大影响的另外一种环境。在校本课程开发知识的选择中，社区资源也非常重要。社区资源在校本课程开发中的作用是十分明显的：一是社区的人力资源可以参与校本课程开发；二是社区的文化资源和位置资源可以为学校的校本课程开发提供场所。社区还能为学生提供实践服务基地，全方位为学生的成长服务。例如，"海洋资源开发与利用"校本课程把向阳海岸作为实践基地，向阳海岸本身是一家围绕海洋资源的农家乐，主要的休闲内容有落小海、跋泥涂、捉小蟹、钓海鱼、观网箱、看海景等，能够让学生全面了解海洋文化和活动。更加难能可贵的是，它还有保存3000多种海洋生物标本的标本馆，能够让学生学到丰富的海洋生物结构知识，尤其是中华鲟标本，让传说中的生物真真切切地映入学生脑中。在信息化社会，社区资源也包括线上社区资源，如浙江省普通高中选修课网络课程学习平台等。

（三）教育机构是校本课程开发的合作者

同一区域内的学校具有特征共同性、发展规律性、问题相似性和目标一致性的特点，这些特点是各教育机构相互合作的基础和前提。有共同发展需求的学校可以组建联盟共同体，规划相同的校本课程，落实校本课程共同的建设任务。建立校际合作机制有利于课程资源区域性的统合，有利于顺利推进校本课程开发工作，有利于体现教师主体性。高等院校等教育机构也是校本课程开发的重要合作力量，但它只能成为指导

---

① 钱元敏：《家长参与校本课程开发的尝试与思考》，载《江苏教育》，2015(39)。

者、助力者，不能够成为校本课程开发的关键者、引领者，这是校本课程开设的区域性及本质性决定的。① 但人毕竟具备社会属性，是社会的人，课程是一定时代背景、文化背景和人群背景下的课程，深化课程改革需要一定的支持。其中，高等院校等其他教育机构的支持是非常重要的。比如，奉化高级中学与宁波财经学院、职业高中等学校签订合作协议，合作开发校本课程。

---

① 肖龙海、谢捷琼：《论校际联合开发校本课程》，载《教育发展研究》，2008(C2)。

第二节

多样化的校本课程实践

形成一个科学有效、合理实用，体现办学特色的课程设置方案是普通高中新课程实施的关键环节，是从学校层面来创造性地落实国家课程方案，是实现国家课程与学校课程统整与融合的平台。因此，普通高中应高度重视学校课程设置方案的制定，把课程设置方案的形成看作重建学校教育文化精神、改革原有教学管理体制、激活课程开发与研究力量、打造品牌课程、探索办学特色的过程。尤其是在校本课程实施方面，学校在师资配备、教学场所、设施设备、办学经费短缺的前提下，积极调动学校、家庭、社会各方面的资源，形成教育合力，保质、保量地落实校本课程，开足、开齐各种类型的校本课程。

一、灵活开设的校本选修课程 >>>>>>>

浙江省教育厅规定普通高中需要在国家课程的基础上，开设知识拓展类、职业技能类、兴趣特长类和社会实践类四大类选修课程。四大类选修课程根据与国家课程的联系程度、与学生兴趣爱好的关联程度和与学生能力水平的要求程度，采取不同的开设策略。

(一)强调"内在逻辑、学生需求"并重

学校课程委员会解析国家课程和校本课程的内容体系，发现它们的内在逻辑关系，制定校本课程设置方案，随着校本课程的深入开发和学生需求的变化，学校也不断调整校本课程设置方案。

1. 校本课程设置方案的完善

学校形成特色品牌，需要特色的课程设置。学校根据开发的校本课程内容的内在联系和学校的培养目标先行制定好校本课程设置方案，通过学生选课和对课程实施的检验，不断调整学校的校本课程年段设置，完善学校校本课程设置，如此下来，学校的校本课程设置方案基本成型。例如，奉化高级中学 80 门知识拓展类选修课程设置，见表 4-1。

表 4-1　奉化高级中学知识拓展类选修课程设置表

序号	高一课程	高二课程	高三课程
1	趣味化学实验	图说地理	地理知识地图化
2	游戏中成长	战争与地理	观看灾害影片——寻求逃生路径
3	《孙子兵法》的过去、现在和将来	趣味家电探索	化学如诗
4	民俗风情	生活中的化学	解题中发展学生深层思维
5	中国古代通史	竞赛化学	食品安全和饮食健康
6	高一函数知识拓展篇	化学的昨天、今天与明天	活跃于沪埠的宁波商人
7	生活中的数学	谈古论今	品味曾国藩
8	打开高中数学大门	解密"第二次世界大战"	解密奉化名人
9	国外数学教材鉴赏	历史星空中的半边天	生物知识与人体健康
10	你不知道的物理	世界主要大国发展史	探索人体奥秘
11	汽车与物理	保护珍稀濒危动植物	百味数学
12	体育运动中的物理学	生物学知识与人类生活	竞赛数学
13	Eating in America	竞赛数学与数学思维	高中数学模型的简单应用
14	德语入门	数学思想与方法	解析几何中运算能力的分析及对策
15	英文名著欣赏	数学疑难问题的解决	物理竞赛难题详解
16	开启英美文化之旅	竞赛物理	物理难度与提高

序号	高一课程	高二课程	高三课程
17	纳兰心事几曾知	从科学美国人到科学中国人	物理实验的技能与升华
18	外国文学与影视欣赏	宇宙新概念	高中英语基础写作
19	中国传统节日文化	《佳片有约》(外国名著类影片欣赏)	实用翻译技巧
20	走近张爱玲	带上英语去旅行	新概念英语
21	中国的茶与奉化的茶	英文歌曲欣赏	英语阅读技能的培养
22	哲学家的故事	英语习惯用语	高考复习语文基础知识突破策略
23	城市规划和生活	爱上你我很快乐——高二语文衔接性选修课程	孔子思想的历史意义与现代价值
24	风水文化与中国建筑	高考古诗文赏析	学生议论文写作序列指导
25		文化乐旅——古都繁华几春秋	高考现代文阅读指导
26		生活中的修辞大师	解密国际组织
27		英王室走向的政治研究	漫谈各具特色的国家制度
28		生活与法律	
29		世界文化遗产未解之谜	

2. 校本课程课程表的形成

学校校本课程设置方案只是学校校本课程开设的总体计划，必须经过学生的选课才能生成实际意义上的课程表。一般来讲，学校校本课程设置方案的运行与课程表的生成过程分为以下几个步骤。

第一，学校课程委员会根据学校校本课程设置方案，在每学年第一学期开学前列出上、下两个学期供学生选择的选修课程目录和选修时间。

第二，学生依据学校的选修课程目录，在教师指导下根据自己的学习意愿进行选课，填写选课单。

第三，班主任对本班学生选课单进行统计，并上报学校课程委员会。

第四，学校课程委员会对全校各班学生选课情况进行汇总、统计、调整，编排出选修课课程表。

第五，学生依据学校选修课课程表确认自己的选修课程，并通过在线平台完成选修课程的选择。

第六，经学校确认(必要时做适当调整)后，形成学生个性化选修课课程表。

第七，教师根据选修课课程表开设选修课程。

学校校本课程设置方案经过学生的选课过程可能会暴露出一些隐含的问题。比如，选修某些课程的学生过多，师资不足；选修某些课程的学生过少，不能组成教学班等。学校应根据问题产生的原因适当调整课程设置方案，满足学生选课的需要。校本课程设置方案的形成不是一劳永逸、一成不变的，是需要根据学生选课的实际情况不断地进行微调，体现出足够的弹性和适应性。

(二)采取"课堂基础、实践提升"策略

针对学生在才艺、技术方面的素养的差异，我们可以要求有此类兴趣但基础薄弱的学生先行选修兴趣特长类和职业技能类选修课程，让他们在掌握基本技巧或技艺后再参加相应的社团实践课程或社会实践活动。例如，学校开设选修课程"刮版画"让学生学习刮版画的基本技艺，本课程从认识刮版画开始，让选修学生先行掌握刮版画技艺，再开展独立创作和作品展示活动(详细教学内容见表4-2)。通过"刮版画"基础课程的学习，考核过关的学生且保有强烈兴趣的学生，可以加入"刮画社"，进一步学习刮版画的提升课程。

表 4-2 "刮版画"教学内容

课时	内容
第一课	"认识刮版画"——大师作品欣赏
第二课	"走近刮版画"——教师作品和学生作品欣赏
第三课	"体验刮版画技法之一"——点的运用与表现
第四课	"刮版画技法之二"——线的运用与表现
第五课	"刮版画技法之三"——面的运用与表现
第六课	"刮版画技法之四"——点、线、面的综合运用

课时	内容
第七课	"刮版画的技法之五"——黑、白、灰在画面中的处理
第八课	"刮版画的创作之一"——构图与意境欣赏
第九课	"刮版画的创作之二"——素材的处理
第十课	"主题创作之一"——鸟儿飞过的风景
第十一课	"主题创作之二"——天空的对话
第十二课	"评价之一"——我们的风采展示一
第十三课	"评价之二"——我们的风采展示二
第十四课	"评价之三"——欣赏并展示作品

二、立足校外的校本拓展课程 >>>>>>>

落实校本课程48课时的开设要求，满足学生的选课需求，学校需要开发100多门校本课程，而学校教职工也就100多人，落实这一工程显然是天方夜谭。因此，学校在开设校本课程时，需要充分调动社会各方资源，围绕学校的培养目标采取借用的策略开足选修课程。

(一)课程借用策略

知识拓展类校本课程内容体系与国家课程是一脉相承的，教师具备相应的理论知识，具备课程实施的能力，但并没有课程开发的能力，难以完成课程内容的组织任务。此时，学校还是会要求教师必须开设一门校本课程，而课程内容可以借用现成的校本课程(其他学校开发的)。在此方面，浙江省基础教育课程改革工作领导小组办公室为普通高中开设校本课程提供大量优质的课程内容，开展普通高中选修课网络课程评比活动，构建浙江省普通高中选修课网络课程平台，要求获评精品网络课程的负责人在此平台开设选修课程，课程内容包括课程纲要、电子教材、教学视频、教学课件和思考与练习等，使教师有充足的校本课程教学资源可以借鉴。例如，校本课程"动起来——调整你的数学智商"，它借用了网络精品课程"游戏中的数学"，此门课程以中学数学为基础，对于高等数学中的部分基础知识做适当性拓展，以数学游戏的方式讲授有关优化与决策的相关数学思想。每一专题内容均以有趣的数学游戏出现，重在引起学生学习数学的兴趣，并在游戏过程中渗透数学中的典型决策思想方法，其中包含组合数学、图论等思想方法，并对计算机算法做简要介绍，用计算机程序实现决策过程，力求让学生体会到"数学是有用的""学数学能提高能力"，并培养学生在生活中应用数学知识的能力，发展学生潜能，提高综合素质。

(二)师资外聘策略

此类策略是在学校缺乏开设教师，但为落实学校培养目标和满足学生个性成长的条件下，学校在借鉴课程内容的基础上，进一步借用教师，即外聘教师开设校本课程。知识拓展类校本课程为使课程更加专业化，学校聘请培训学校的教师开设课程，如聘请培训学校——瀚森学校的教师开设"动感英语"和"交际英语"，聘请宁波市海曙区爱心日语培训学校开设"日语基础"；职业技能类校本课程聘请专业机构的教师开设校本拓展课程，如聘请奉化区红十字会培训人员开设急救培训课程，聘请奉化区职教中心的教师开设"餐厅折花""剪纸""商务礼仪""手工创意DIY""衍纸艺术""服务礼仪""布艺不织布"等课程。在开设课程之前，相应教师需要向学校提供教学计划和教学内容，方便学校进行课程开设的审核工作。

(三)教学外包策略

有些学科的拓展不但需要一定的课程内容、教师资源，也需要一定设施的添置，在办学资金不足的情况下，实现以上条件基本是不可能的。例如，通用技术的拓展课程"汽车的维修"，为该门校本课程添置大量的教学资源显然是不合理、不恰当的。此时学校就会把这个教学外包给实践基地，让实践基地组织落实教学任务，当然该实践基地要有合法的办学资质，并向学校提供可操作性的课程目标和课程计划。学校高一第二学期通过学生选课一般确定6～8门课程，在社会实践基地完成相关教学任务，如为2016级学生确定"红帮文化的传承与技术实践""盆景的艺术鉴赏与制作养护""烹饪技术实践与美食体验""汽车模拟驾驶与日常养护""茶艺"和"西点制作"为面向通用学科的职业技能类校本拓展课程。

三、独立设计的校本特色课程 >>>>>>

学校充分挖掘区域文化和学校传统文化，促使它们成为学校教学活动的资源，并围绕其开发学校特色校本课程，落实"以文化人"的教育理念。

（一）立足区域文化的校本课程

奉化区第二中学地处象山港畔，渔业捕捞是学校在区域内的传统产业项目，而滨海旅游是区域的新兴产业项目，不管是传统产业项目还是新兴产业项目都是海洋渔家文化。学校利用原先的海洋生物社，总结其活动的教学运用价值和进一步挖掘桐照渔村文化、阳光海湾项目文化，以"学生通过这门课程的学习，将在以下各方面得到发展：获得海洋生物的基本知识，学会海洋生物标本的采集和固定方法，培养学生的劳动观念，锻炼学生的动手能力；了解海洋生物的养殖与加工，知道一般的养殖技术；以中国第一渔村为依托，旨在培养学生关注海洋生物及保护环境的意识，提高学生科学实践探索的能力，激发学生对家乡的热爱之情；培养学生发现问题、解决问题等自主学习的能力，锻炼和培养学生团队合作的精神；初步学会科学探究的一般方法，具有较强的生物学实验的基本操作技能、搜集和处理信息的能力以及交流与合作的能力；初步了解与其相关的应用领域，为继续学习和走向社会做好必要的准备"为目标，由学校生物学科五位教师组成开发团队，自主组织课程内容、整合各方教育资源和建设实践基地，开发开设"海洋资源开发与利用"课程，安排包括常见海洋生物的鉴赏活动：海洋生物的解剖、海洋渔业文化、海洋生物标本的制作、参观实践基地——向阳海岸等内容在内的 16 次教学活动。学校以"让学生了解海洋文化的相关知识，在了解的基础上再体验海洋文化的魅力，最后付诸行动，保护和弘扬海洋文化"为基础打造海洋文化课程群，全面传承海洋文化。

（二）立足传统文化的校本课程

20 世纪 70 年代，在体育特级教师戴敬德老师的带领下，我们学校被评为"全国群体先进单位""浙江省体育传统项目学校"，是迄今为止奉化区获此殊荣的唯一一所学校。为传承学校传统特色文化的育人价值，增强学生的健康意识和提高学生的运动能力，学校以"一项集健身性、知识性、趣味性和国防性于一体的新兴体育运动项目，在学校开展此项运动，不仅可以增强学生体魄，而且还可以让学生在轻松愉快的游玩中增长地图知识。同时，能培养学生的独立逻辑思维能力、独立解决所遇到的实际困难的能力以及当机立断做出决定的反应能力，促进学生素质的全面发展"为目标，由学校三位体育教师组成团队，开发、开设"校园定向"课程，以校园定向比赛为依托，安排定向运动介绍、地图与指南针、定向运动基本比赛技能等理论学习，注重实践的教学计划。

四、社会责任出发的综合实践活动 >>>>>>>>

学校重视实践项目的育人价值，强调学生在体验中深化认知、领悟情感，以学校传统德育活动为基础，扩展其教学形式，打造德育实践课程，开发、开设以爱国奉献、团结互助等品质的形成为目标的校本课程。

(一)外延保障策略

在"对青年学生进行爱国主义和革命传统文化教育，让学生在亲身实践中了解革命历史，潜移默化，真切感受革命传统，有效激发学生爱祖国、爱家乡、爱人民的情感。引导学生深入了解中国革命史，继承革命传统，传承红色基因。把革命传统文化教育、爱国主义教育和社会主义核心价值观教育结合起来"这一目标的指导下，学校徒步30千米赴松岙进行"红色之旅——松岙远足缅怀革命烈士"活动，并延伸其教育意义。先期组织学生学习革命历史，主要内容为：搜集宁波市域范围内以奉化区为主的革命烈士的事迹，采用图文资料形式(如查阅《奉化史志》、宁波史志网、浙江英烈网等)编制一份学习材料，并且开展事迹图文资料展板展示活动。后期要求学生总结活动感受，撰写感想体会，组织学生开展班内交流活动。最后班级推荐优秀学生作品在校内进行交流活动。

(二)专业引领策略

提升学生的素养水平才能实现课程的教育意义和价值，要提升学生的综合素养，必须在学生现有的水平下不断深化。学校提倡提高现有实践活动专业化的实施策略，并且配备相关基础技能课程。学校以关怀空巢老人为源起，组建"萤火虫"青年志愿者服务队，开展看望周边老人的活动已有20多年的历史。但是，随着社会的进步和医疗水平的快速发展，简单看望老人这一活动的作用和意义已不大。为此，学校在高一开设"红十字急救培训"课程，来提升学生救护技能，给老人提供基本医疗检查服务，讲解伤害处理技巧。为了提升新时代志愿者活动的教育意义和社会价值，学校不断丰富志愿者活动的内容：为使学生能够良好地传颂中华优秀传统文化，开设"播音主持"课程；为使学生能够良好地完成活动接待的礼仪任务，开设"服务礼仪"课程；为使自主管理部门能够更好地服务同学，开设"木工基础"课程等。提高"萤火虫"志愿者社会实践活动的质量和水平，能使学生在活动中收获成功的喜悦，并逐步内化成奉献精神。

（三）自主组织策略

在开展职业体验课程的过程中，学校强调学生家长、社区资源的运用，学校制定活动开展的方案，设定活动目标、要求、开展建议等内容，而具体开展形式和实施对象由学生自主组织落实。开展形式可以是学生个人单独完成，也可以组建学生小团体完成。学生选择的体验对象可以是父母，也可以是亲戚朋友，还可以是社区内相关的领域专家等。

（四）全员参与策略

在培养学生社会主义核心价值观方面，学校采取"一个也不能少"原则要求所有学生都要完成相应课程的修习，尤其是在思想道德素养方面。如果因病缺课，需要及时补修。例如，学校在滕头学生社会实践基地落实军训社会实践教育，修习时间为高一，可个别同学因病不能参与，因此学校要求这些学生在高二完成课程的修习任务。

多渠道的校本课程研究

校本课程开发和实施不是一蹴而就的，是需要不断更新、调整和完善的。学校需要对校本课程开展研究活动，不断发现校本课程在内容组织、实施落实、评价管理等方面存在的问题，寻求解决问题的策略。在完善学校校本课程内容体系、实施策略、评价手段、管理理念的同时力求形成课程体系，落实学校育人目标，塑造学校品牌。学校可以通过课题研究、项目建设和邀请专家等方法来开展课程研究。

一、科研课题带动课程完善 >>>>>>>>

在校本课程开发的初期，开发者需要了解清楚学生需求、课程现状、内容组成等情况，初步构建课程内容体系。在后期，开发者需要实践检验内容体系、实施模式是否有效，从而调整内容体系，扩展教学范围，形成课程体系。这些可以通过科研课题研究完成相应诊断，下面以明志课程体系为例加以说明。

（一）需求诊断构建课程内容体系

1. 生涯需求诊断

为解决"①生涯规划教育在高中阶段还处于起始阶段，了解学生生涯规划能力比较薄弱，但具体达到什么程度、到底欠缺哪些方面的能力是不清楚的；②在生涯规划中学生需要得到哪些方面的帮助，学校可以给予什么帮助，学校不能提供的如何加以解决；③生涯规划课程需要涵盖哪些内容，生涯规划教育工作将以怎样的形式进行"三个问题，学校组织相关人员通过对 2014 级学生生涯规划能力和需求的调查研究，得出如下结果。

(1)学业选择存在盲目随意的问题。2014 级学生是新高考招生制度改革的起始年级。学校为了掌握学生对选考科目的选择情况，以便为学生安排好高中三年学业修习计划，专门对 2014 级学生进行了两次选考科目选择情况的调查研究。分析研究结果可知：50％以上的学生在选考科目的选择上存在前后两次不一致的现象，物理、化学、历史和地理四门学科选择保持不变的不到 50％，改变一门的超过 30％，改变两门的将近 20％(具体见表 4-3)，即学生选择存在不确定性。

表 4-3　学生两次选考科目变更统计表

	没有变化	改变一门	改变二门	改变三门	改变四门	合计
人数	119	93	52	12	2	278
比例	42.81％	33.45％	18.71％	4.32％	0.72％	

(2)职业专业存在认知模糊的问题。普通高中开展生涯规划教育的首要目标是让学生学会规划自我的人生，明确高等院校就读的专业以及进入社会后所要从事的职业。为了掌握学生对高校专业和社会职业的认知情况，学校针对 2014 级学生开展了高校专业和社会职业认知程度的调查研究，发现虽然有一定数量的学生已经确定自身就读的高校专业和未来从事的社会职业，但比例分别是 33.47％和 30.20％，占比刚超过 30％。即学生对将来高校专业和就业方向的选择普遍存在不确定性，并且对高校专业和社会职业的认知程度都较低(见表 4-4、表 4-5)。

表 4-4　学生专业职业选择人数统计表

	不确定人数	比例	确定人数	比例
专业	163	66.53％	82	33.47％
职业	171	69.80％	74	30.20％

表 4-5　专业职业选择不确定学生认知程度的统计表

	专业	职业
认知程度低人数	104	117
比例	63.80％	68.42％

2. 生涯课程建设

开发开设"未来之路——高中生生涯规划"课程，目标是以"生涯唤醒与选择"为主，引导学生适应高中生活，了解各学科的教学目标和学科特征；引导学生完成自我认知，明确自身的优势、劣势、兴趣、爱好、性格、能力，对未来报考的学校和专业选择有更清晰的目标，从而更有针对性地确定自己的选考科目。为了落实这一课程目标，我们编制了《未来之路——新高考背景下高中生生涯规划课程》课程读本和《高中生成长手册》，其中课程读本包括生涯规划导论、个体差异与职业发展、职业认知与生涯发展、专业选择与职业发展和高中规划与生涯发展五章内容，每节均设置"案例点击""生涯故事""生涯探索""生涯思考与实践""生涯链接"等栏目，每单元均设有"单元探究活动"。作为生涯规划教育的教科书——《高中生成长手册》包括自我分析、职业分析、专业分析、学科分析、自我定位、计划实施和高中三年学业规划七个方面的内容，作为学生完成生涯规划教育课程的作业本和自身成长档案的一部分。

（二）成效诊断构建学校课程体系

1. 实施成效诊断

"未来之路——高中生生涯规划"课程实施后，学校通过对高一学生生涯规划能力的诊断发现：学生生涯规划认知能力提升显著，能认识到生涯规划的重要性并能重视气质检测量表对生涯规划的作用，但学生学业选择能力没有显著提升，学生选择学科还是比较盲目的。经过访谈调查发现原因主要是由于学生对职业、专业认识不清，因此我们需要加强学生对职业、专业认知方面的教育。学校决定对高二学生开设职业、专业体验课程，建设理论为先、实践认知为后的分层生涯课程体系。

2. 生涯课程体系

本校生涯课程体系包括高一、高二和高三三个年级分层推进的课程内容。高一主要是职业认知、自我认知、职业定位、选科指导；高二是职业体验、职业准备；高三是升学与专业指导。高一阶段课程目标与课程内容阶段性体现不明显，高二、高三阶段课程目标、课程内容的阶段性主要有以下特点。

高二阶段以"生涯选择与发展"为主。学生了解职业生涯规划的步骤和方法后，教师要进一步引导他们正确、客观地评估自己，结合自己所学知识参加社会实习和社会实践活动，进一步修正学习生涯和职业生涯的规划，训练学生的各种能力素质，如情商的培养、沟通表达能力、写作能力、人际交往能力等，从而提高学生的综合素质。比如，学校组织高二年级的学生进行职业体验，以期实现"更好地认识社会，初步形成自己职业生涯规划，同时让更多的学生能够真正地感恩父母、感恩社会、珍惜自己的幸福生活"目标，为学生安排了"父母职业一日体验""人物生涯访谈"和"研学"三门课程。

高三阶段以"生涯准备与行动"为主。让学生基本明确自己的职业目标和发展方向，培养学生勇于承担、乐于奉献、与人为善的品质，让学生学会沟通、学会宽容，并就考前心理、志愿填报和求职意向展开专题辅导。学校开发开设"生涯规划与面试指导"选修课程，本课程是根据浙江省高考改革中出现的自主招生考试要求进行设计的课程。针对学生对未来的选择、综合素质测试、面试等内容，安排学生进行职业生涯规划、面试礼仪或技巧的相关训练。

二、校级项目支持课程研究 >>>>>>>

学校工作是围绕教育展开的，要落实育人核心的课程建设，课程是育人的核心载体。下面以"奉化布龙进校园"项目为例，阐述课程对课程研究的影响。

抓好非物质文化遗产保护传承工作，深入挖掘民族传统节日的文化内涵，广泛开展优秀传统文化教育普及活动，发挥国民教育在文化传承创新中的基础性作用，增加优秀传统文化课程内容，这些都有助于加强优秀传统文化教学研究基地的建设。因而，在传承奉化布龙这一国家首批非物质文化遗产时，我们要重视课程的作用，使奉化布龙不仅要走进校园，更要走进校园的核心区和深水区——课堂。从学生个体发展层面而言，"奉化布龙读本"校本课程的开发、开设，不仅能对学生进行技能、身体素质和意志力等方面的教育与锻炼，更能加强学生对民族传统文化的学习，激发学生的民族自豪感，培养学生积极进取、勇于竞争的精神。

（一）"五龙"教育校本课程的开发理念[①]

学校"五龙"教育的初衷之一是有效传承奉化布龙这一非物质文化遗产，因而"五龙"教育校本课程"奉化布龙读本"的开发要体现传承的特点，"五龙"教育校本课程不仅要向学生传授舞龙运动的技术和动作，还要向学生传播传统文化。舞龙技术与舞龙文化理论两者之间并不是分离的，舞龙文化是包含于舞龙运动之中的。因此，在进行"奉化布龙读本"校本课程开发时，要遵循以下几点开发理念。

（1）介绍奉化布的龙来龙去脉。要介绍奉化布龙的起源、社会基础、社会价值和影响、工艺流程、表演特色、音乐特色、主要传承者、奉化布龙在学校的发展等。让学生通过课程的学习，来认识奉化布龙，并深入了解奉化布龙。

（2）让学生了解奉化布龙的制作工艺流程。奉化布龙是全手工制作的工艺品，其工序多达300余道。做一条9节布龙需花一周多的时间，主要工序是采用手扎，如果所有龙节框架是手编的六角方圆筒，则所需时间更长。校本课程在布龙制作方面主要让学生体验制作的流程，同时让学生体悟到分工合作的重要性。

（3）通过校本课程的学习让学生具备低难度的舞龙技能。在奉化布龙舞龙中，龙珠、龙头和龙身三个要素要协调配合，珠引龙走，龙跟珠行，节节相随。每个要素的位置不同，其技术要求也不同，同时各部分之间又相互贯通、相互影响，从而在形象上联结为一个完美无缺的整体。舞龙表演的好坏，不仅取决于要素本身的技术，而且更重要的是取决于各要素之间的技术组合关系是否合理。只有各要素之间的技术组合达到最优化，舞龙套路才可能取得妙趣横生的效果。作为普及，"五龙"教育校本课程只要求学生能进行低难度的舞龙即可。

（4）让学生学会欣赏、感悟奉化布龙的魅力。让学生通过制龙、舞龙等过程的体验，学会如何去赏龙、悟龙。具体为能够对学生制作的布龙做出科学合理的评价，对他们的舞龙技巧做出解说，并能提出合理的建议。

总之，"五龙"教育校本课程"奉化布龙读本"的开发主要着眼于向学

---

① 应伟龙：《传承非物质文化遗产的学校作为》，载《学校管理》，2012（4）。

生普及奉化布龙知识，通过体验简单的制龙、舞龙过程，让学生学会怎样去赏龙和悟龙。

(二)"五龙"教育校本课程的内容体系

根据校本课程的开发理念，我们分五章二十节编撰了校本课程教材——《奉化布龙读本》。全书目录如下。

第一章　奉化布龙的历史

　　第一节　龙是中华民族的图腾

　　第二节　奉化布龙概述

　　第三节　奉化高级中学舞龙活动开展及成绩

第二章　奉化布龙的学习

　　第一节　舞龙学习目标与内容

　　第二节　舞龙队员分工、要求及基本技术

　　第三节　常用舞龙动作名称及其动作图片

　　第四节　舞龙规定套路动作名称及其动作图解

　　第五节　舞龙组合动作及自选套路

　　第六节　舞龙动作常见错误及纠正方法

　　第七节　舞龙单元计划示例

　　第八节　舞龙的学习评价

第三章　舞龙运动的套路及评分

　　第一节　自选套路及评分要求

　　第二节　规定套路及评分要求

　　第三节　传统项目

　　第四节　夜光舞龙

　　第五节　技能舞龙

第四章　奉化布龙的制作工艺

　　第一节　奉化布龙传统制作工艺

　　第二节　奉化布龙现代制作工艺

第五章　奉化布龙的欣赏

　　第一节　赏龙与悟龙

　　第二节　奉化布龙的音乐特色

较之常规的教育教学改革，校本课程建设要求有坚定的学生立场、有充分的知识基础、有切实的育人价值，但这种期待或愿景单靠校长和教师等实践工作者的直觉、灵感和经验是难以实现的。因此，校长在领导和推进课程建设过程中，需要主动寻求专家的引领，包括理论专家的知识引领、教研专家的智慧启迪、教学名家的行为示范。在推进学校课程建设初期，为研制课程建设目标与规划，我们凭着满腔热情，根据大家的经验和灵感，并结合其他学校的做法，在集思广益的基础上形成了初步的课程建设思路和规划文本。等到文本初稿出来以后，我们感到这样的规划尽管较之过去更为系统全面，但具体要做的事情似乎与其他学校正在做的事情有很强的趋同性，并无太多的创新和突破。为此，我们深感课程建设必须要有更加前沿、更加科学的理论来指导，在研究专家的引领下提升课程建设的理论品位。

（一）专家指导形式——校本培训

所谓校本培训，是以教育专家为指导，以学校为培训单位，以教师的教学能力提高为主要目标的一种培训方式。通过校本培训，可以使教师课程观念发生变化，形成正确的课程观念。强化课程意识，转变课程观念是教师有效参与校本课程开发实践的基本前提。具体做法包括以下两个方面。第一，帮助教师树立科学的课程观念。理论是行动的先导，在保证学科知识紧跟时代的基础上，加大对课程理论知识及技术手段的学习力度，努力使教师自觉运用课程的制度观、价值观、类型观和开发观来指导自己的教育教学工作，不断完善知识结构。第二，教师要切实转变课程观念，努力形成统一性和多样性相结合的课程制度观，以人为本的课程价值观，国家、地方和校本课程并存的课程类型观，教师既是教授者、又是课程开发者的课程开发观。教师在转变课程观念的同时，还要形成正确的人才观、辩证的学生观和科学的教学观。校本培训就是让教师对校本课程开发有一个正确的认识，把参与校本课程开发作为自己的职责和义务，内化为坚强的信念，从而产生强大的内驱力。教师通过校本培训，可以提高对校本课程开发及自身角色的认识，明确校本课程开发的意义及自身在校本课程开发中的地位和作用，加深对课程理论和自身角色的认识，结束长期以来消极被动的"教书匠"形象，以积极主动的新形象，成为校本课程开发的主体。这种转变对提高中小学教师角色的认识具有重要的意义。①

另外，通过校本培训，教师要在充分了解校本课程开发特点和过程的前提下，提高思想认识和人文道德修养，重视参与和合作，懂得自我心理调适，能克服自己的参与惰性，克制自己的不合作情绪，运用各种方式自我激发参与和合作热情，努力改变自己不利于合作的各种行为，与合作伙伴相互理解，团结协作，从心理上做好充分的准备。

（二）专家指导案例——基地建设

为丰富学校兴趣特长类校本课程的数量，在充分挖掘学校课程资源的基础上，学校以"在普通高中体现刮版画独特的绘画风格和创作方式，符合帮助学生陶冶情操、提高生活品质的要求，激发学生的创新精神，促进学生身心的健康发展。让学生认识并学会运用刮版画的独特材料，融鉴赏和创作于一体，并能获得成功的体验，增强学生的自信心。打破传统美术课在课堂内的局限性，让学生接触更多来自国际顶端大师创作的刮版画，建立教师和学生一起创作的学习模式，为美术基础不同的学生提供享受艺术获得快乐的平台"为目标开发开设"刮版画"课程，课程内容见表4-2。

单一一门"刮版画"校本课程建设，不能充分发挥刮版画的教育意义，也不能充分提升学校刮版画的影响力。因此，科研专家围绕"刮版画"课程的美术核心素养提出了图像识读、美术表现、审美判断、创意实践和文化理解这五个方面的建议。刮版画教学在满足学生对艺术欣赏和创作需要的同时，开阔了学生的眼界和思路，提高了他们的学习兴趣和审美欣赏水平，同时也促进了学生个性健康、多元化的发展，切实提升了学生的美术素养，大面积增加了美术核心素养目标建设课程基地。

刮版画教学若要切实有效地提升学生的美术素养，就需要在美术基础不同的学生中做到真正的普及。因此，学校展开通用性三级刮版画校

---

① 王永明、刘晓艳：《关于学校课程建设主体的探讨》，载《天津师范大学学报（基础教育版）》，2016(2)。

本课程的开发研究，构建刮版画课程体系，具体内容见图 4-1 和图 4-2。

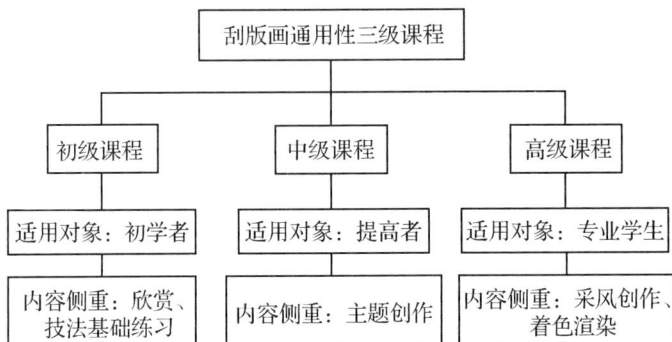

图 4-1　刮版画通用性三级课程

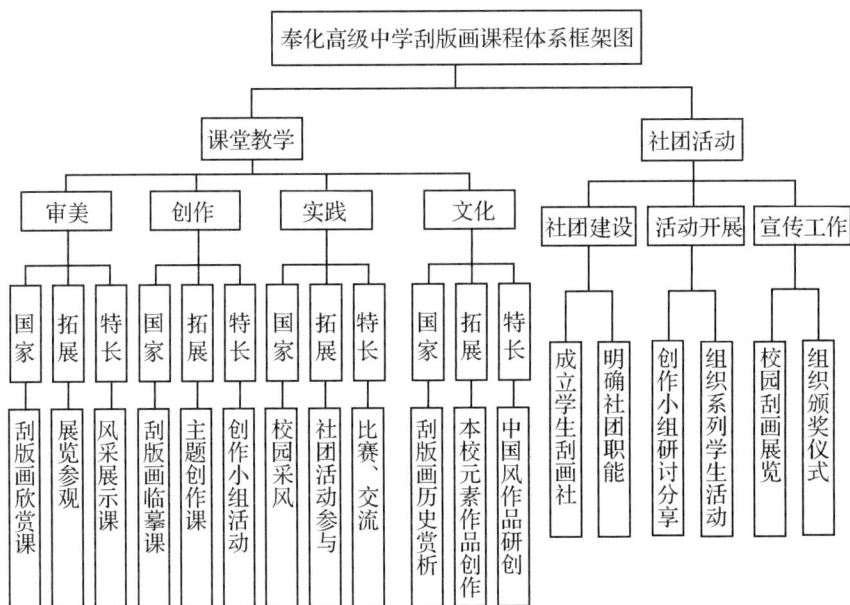

图 4-2　奉化高级中学刮版画课程体系框架图

第五章
共管与分责：课程制度建设与评价

　　课程领导是一种有别于课程管理的全新课程管理观念，两者在权力主体、实施决策、教师观、沟通交流、动力来源等方面体现出显著的差异。课程管理是"把组织视为一个权力和信息集中于高层的等级体系"，注重权威性，采取行政命令的方式自上而下强行推行，教师只是被动执行者，不具备决策权力等，其特征是科层管理模式强调的控制与协调机制保持一致：注重等级式管理模式和时刻监督低层人员；采取适当的垂直交流模式；制定明确的书面化规章制度和工作程序用于确定标准和指导行为；颁布明确的工作计划和日程安排，以供参与人员遵守；体系中会增加监管人员和行政人员。而课程领导则恰好相反，体现出"领导主体多元化""决策过程民主化""沟通模式网络化""领导动力内在化""职能重引导而非控制"等特征，是建立在新的管理理论、人事组织观、系统观下的新的管理理念，课程领导具有的特征是：重视个人能动性，引导他们发挥潜在能力和技术才干；以组织目标为中心落实分工合作，促使参与者积极奉献；使参与者认同、适应组织共同的价值和目标，并与个人价值和目标产生联系，成为共同体。因此，"课程领导的使用不仅仅是一种术语上的改进，更重要的是体现了一种民主、开放、沟通、合作的管理新理念。"①

学校依据课程领导模式，以课程发展为目标，积极建立健全的、完善的、高效的学校课程管理机构和创建民主的、科学的、合理的学校课程管理文化，基本实现学校自主管理，切实有效地履行学校课程管理的权责，落实国家课程管理政策，提高学校课程的整体质量，促进全体学生主动发展。落实素质教育，促进学生全面而个性化发展；提升教师的课程意识，促进教师的专业发展；实现学校的课程创新，塑造学校的办学特色。

---

① 陶文革：《小学校本课程管理的策略研究：以上海市 J 小学校本课程的管理为例》，硕士学位论文，华东师范大学，2009。

第一节

学校课程管理组织与机制

〉
〉〉
〉〉〉
〉〉〉
〉〉

学校课程管理的内容包括了对课程计划、课程标准、内容结构、课程实施及课程评价等各个环节的管理。同传统的学校教学管理相比，现在的学校课程管理体系系统更为庞大，内容也更为丰富，事务也更为繁杂。今天，它已经发展成为一个由各个职能部门和规章组成的各组成部分有机联系、相互作用的一个统一的职能系统。学校要实现课程管理工作的高效化，就必须要形成一个各项规章健全，机构设置合理，开放、可控的组织体系，并要遵循其运行的内在规律，即按照课程的规划、决策、实施、评价的顺序开展管理。为此，学校课程管理体制的建设主要应从两个方面进行。[①]

一、学校课程管理组织体系 〉〉〉〉〉〉〉〉

（一）课程管理组织建设理论

构建学校课程管理体系的基本框架，既要符合学校对课程管理的任务和要求，也要遵循管理学的原理。从管理学的角度讲，对于可以控制的一个系统来说，最有效的管理方式是"闭合式"。可控系统一般具有三个条件：第一，被管理的事物有一定程度的组织性；第二，存在多种发展的可能性；第三，有控制的手段和方法。学校课程管理系统基本上具

[①] 金东海：《论三级课程管理体制中的学校课程管理》，载《西北师大学报（社会科学版）》，2004(3)。

备这三个条件。所谓"闭合式"的管理模式，是指管理的过程可以组成一个回路，即从决策开始，通过实施，到最后结果的评价，然后再反馈到决策或实施。由此，学校课程管理组织体系的构建应依照以下思路进行，即建立课程管理规划决策系统、课程开发管理系统、课程实施管理系统、课程评价管理系统。①

1. 课程管理规划决策系统

它是学校课程管理的最高机构，其成员的构成应当包括以校长为首的教务处、科研处成员为主，并聘请课程专家、教师代表、学生代表以及家长代表、社区相关人员代表参与。该系统应设在学校最高层面，由校长亲自负责，建议成立常设执行机构课程中心。课程管理规划决策系统的主要职能有：依据学校的培养目标，规划和决策学校课程建设和改革，研究、制定国家课程计划、课程标准和地方课程的实施方案以及《校本课程开发审核制度》和《校本课程监控与评价制度》；评议学校课程体系和评价学校课程质量，审议教师上报的校本课程开发方案，决定学校课程实施和校本课程开发中各种资源的分配原则，协调教务处、教研组之间有关课程管理的各项工作。②

2. 校本课程开发管理系统

该系统的主要构成成员是教师、学生和课程专家。这是因为校本课程是学校自主决定的课程，它的开发主体是教师，并且课程开发还需要学生的积极参与，课程专家的指导。该系统的基层组织是教师小组，在隶属关系上，该系统应接受课程管理规划决策系统的领导。其管理可以设立专职管理机构，如课程审议委员会，也可以由科研处进行管理，成员还应当包括主管校长和其他相关人员。它的主要职能是依据学校《校本课程建设规划》和《校本课程开发审核制度》，组织有关教师和学生，编制校本课程的纲要、设计结构、收集资料、撰写教材文本和教学参考资料等。

3. 校本课程实施管理系统

它是学校全部课程实施的管理执行系统，在隶属关系上，该系统也

---

① 高瑜、蒲春燕：《三元整合的螺旋式课程管理及其运行机制》，载《现代中小学教育》，2014(1)。

② 徐玉珍：《浅谈校本课程开发的管理》，载《上海教育科研》，2001(4)。

接受课程管理规划决策系统的领导。该机构的系统应包括两个层次，即教务处和教研组。教务处的职能是计划、执行、检查、评估学校各门课程教学的实施及各教研组的课程教学管理工作；组织协调学校各教研组之间的各项与课程教学管理的有关事宜。教研组的职能是制订学年及学期教学进度计划、教学研究活动计划；指导教师教学环节的各项工作；及时反映课程实施过程中出现的问题及教师的教学需求；研究学生的学习情况；组织各学科教师之间的教学合作。

4. 校本课程评价管理系统

它是学校全部课程实施结果的评估和反馈管理系统。该系统应当有一定的专业相对独立性，它虽然与教学行政管理系统的关系非常密切，但其职能和权力运用都应具有充分的课程评价专业自主权。学校可根据实际需要成立课程评价专职机构，如学校课程评价委员会，一般来说，它的成员主要是校长、教师代表、学生代表及有关管理人员。随着课程管理在学校中地位的提升，学校课程评价应当成为课程管理中的一项常规性工作，其工作内容包括和课程实施情况相关的所有评价。其职能是依据学校有关评价制度开展活动，周期性地对学校课程执行的情况、课程实施中的问题进行分析、评估，为调整课程内容、改进教学管理服务。[1]

(二)课程管理组织建设实例(以奉化区第二中学为例)

课程组织实施是一个复杂的系统工程，为确保这一工程的顺利实施，必须建立高效完善的课程组织实施机构。

1. 成立深化课程改革工作领导小组

深化课程改革工作领导小组的主要职责包括以下几方面：定期召开会议，研究新课改实施情况，负责对学校新课改实施做出科学的决策与布署，制定学校课程方案和特色发展规划；安排新课改的经费投入、教学设施设备的增添，修订与新课改相配套的教育教学管理制度；加强课程资源的开发与建设，强化师资队伍的建设和培训工作；落实课程实施过程管理和学生走班选课管理制度，做好新课程实施的质量监测、评价

分析与学生学分认定等工作；加强新课改的舆论导向和成果宣传。

2. 成立课程中心

课程中心的主要职责有以下几方面：负责审定和评价教师开发的课程资源、选修课程方案及教材；加强对课程实施过程的定期调研与反馈，对实验过程进行有效的指导与监控；重视课程资源的收集和积累，沟通校际交流合作的渠道，做好资源挖掘与联动开发工作，搭建教师专业成长平台；整合学科力量，打造精品和特色课程。

3. 成立学分认定委员会

学分认定委员会的主要职责有以下几方面：制定学校学分认定与管理办法；负责学生学分认定、证书认证、过程记录等审定工作；坚持公平、公正、公开原则，完善学分管理。

4. 成立学生生涯规划指导中心

学生生涯规划指导中心的主要职责有以下几方面：制定学校选课指导手册；根据学生学力、志趣、特长与爱好进行选课指导；做好学生生涯规划指导工作。

二、学校校本课程管理规章制度 >>>>>>>

(一)课程管理规章制度要求

学校建立的课程管理制度是学校根据上级教育行政部门的规定，结合学校实际情况，对开设的所有校本课程进行管理的制度。因此，学校课程管理制度应当体现国家课程计划、课程标准以及地方课程和校本课程的严肃性和规范性，并且也应当是教师行为规范和职业道德素养在学校课程教学活动中的具体体现，是学校课程实施规律的反映，是学校管理者、教师和学生必须遵循的行为准则。

建立学校课程管理制度，应当把握好以下几个问题：一是要注意符合政策与法规，校本课程要注重学生和社区需要，充分尊重学生的选修权利，强调多样性和差异性，一般设为选修课程；二是要以学生和教师为本，使学校课程管理制度和规章符合教师和学生的利益，有利于调动教师和学生参与管理的积极性、主动性；三是要符合课程建设和教学管理的规律，保证规章制度的科学性和可操作性；四是课程管理制度和规章要有一定的稳定性和严肃性，必须在一定时空条件下保持不变。①

（二）课程管理规章制度实例（以奉化区第二中学为例）

为积极引导教师多渠道地开发课程资源，确保课程正常实施运转，同时改革课程的实施和评价方法，从学生身心特点和课程自身特点出发，运用多元化评价手段，激励必修课程校本化和选修课程的健康发展，特制定相关管理制度。

(1)《奉化区第二中学选修课程实施方案》。

(2)《奉化区第二中学课程建设规划》。

(3)《奉化区第二中学选修课程评审制度》。

(4)《奉化区第二中学选课制度》。

(5)《奉化区第二中学选课指导手册》。

(6)《奉化区第二中学选修课监控与评价制度》。

(7)《奉化区第二中学选课走班管理办法》。

(8)《奉化区第二中学学分管理办法》。

(9)《奉化区第二中学学分认定实施细则》。

(10)《奉化区第二中学课程建设保障制度》。

(11)《奉化区第二中学教师开发、开设选修课能力培养制度》。

(12)《奉化区第二中学学生生涯规划实施方案》。

---

① 郑学燕、杨中枢：《学校课程管理：特点、原则与方法》，载《西北师大学报(社会科学版)》，2011(2)。

课程开发过程中的管理策略

在促进课程发展的过程中，学校建构校本课程评价和治理体系取得了良好的效果，校本课程不断完善，课程数量不断增多、质量不断提高，课程体系也不断完善，学校育人体系基本形成。但与此同时也出现了两个主要问题：其一，评价手段不断丰富，但各个评价手段是孤立的，没有充分发挥其作用；其二，各方管理主体参与意识、热情需要维持，尤其是课程建设主体——教师，在课程改革初期教师参与热情较高，但在现实打击下热情下降，形成教师不适合参与课程建设的意识形态。为解决这两个主要问题，学校积极采取了管理策略。

一、整体性课程评价策略 >>>>>>>>

整体性校本课程评价的三个对象分别是课程、教师和学生。

对课程本身评价的整合："系统性"的评议特征。在开发基础评议方面，以学生发展需求为起点，科学评议校本课程建设的前提条件和详细需求；在开发能力评议方面，充分评议校本课程研发团队资质，充分考虑其整合校内外课程资源的能力，即评议其开发资格；在实施监控评价方面，以学生选择为第一评价依据，由课程委员会授权教务处负责课程实施情况调查分析、反馈监督；在实施成效评议方面，学校采取分工合作方法，由课程委员会授权课程中心负责收集校本课程实施资料，资料包括校本课程实施的教案、课件、素材、学生作业与作品、师生荣誉等，来判断其教育贡献、辐射引领等方面作用，再交课程委员会组织委员会成员、课程专家、教师代表、学生代表、学生家长、社区代表组成的评议主体开展审议工作。

对教师评价的整合："集体性"的审议艺术。在审议成员组成上，组建了以课程委员会成员、教师代表、学生代表为主体的校内评议队伍和以家长委员会成员、社区代表、课程行政管理部门、课程专家为主体的校外监督团队，构建起立体化、全方位的网络状的审议体系；在审议形式上，采取多元评价相结合策略，综合运用教师自我评价、同行互相评价、行政部门专项检查、多样的听评课、学生问卷调查、学生代表座谈会和家长代表反馈等评审方式。[①]

对学生评价的整合：三元评价模式，即"差距评价＋应答评价＋指导性评价"。这是一种层层推进、三维联动的评价策略：（1）差距评价可以采用常规纸笔测验的方式，但需要设计者注重评价的灵活性，着重考查学生的生成性知识，而不是考查学生课程知识的简单识记，根据差异给予对应的成绩；有些校本课程也可要求学生提供作品，用考查作品的方式来完成对学生差距的评价，需要评价者先行制定相应的评价标准；（2）应答评价包括学生自我评价和学生间的相互评价两个部分，本阶段与传统自评和互评的区别是给予学生造成差距的自我辩解机会和学生检测成长的自我陈述机会，同时教师随机抽取同班或同级 2～3 名学生给予该生评价以便其他学生有更全面的认知，最后学生在规定时间内以文本形式形成评价结果；（3）指导性评价是指教师根据差距评价和应答评价，结合学生日常表现记录形成综合性认知评价结果，最为重要的是提出可供学生提升的指导意见和措施，为学生发展给予明确目标、发展策略、学习内容和学习方法等方面的建议，主要是给予学生激励和支持。[②]

二、激励性实施管理策略　>>>>>>>

（一）建立档案库

校本课程建设是一项需要持续跟进的项目，为使校本课程质量进一步得到完善，建立校本课程电子化档案库是必要的，这样便于开发者自

---

① 陈德斌、刘径言：《学校层面上的教师课程决定研究》，载《苏州大学学报（哲学社会科学版）》，2010(6)。

② 程岭：《学生自觉课程理论探讨》，载《基础教育》，2016(3)。

我反思，也便于推广、继承、评价和审议。校本课程建设电子化档案库资料主要包括以下几个方面。

(1)校本课程建设的课程产品，如自编教科书、课程纲要、课程教案、课程课件等。

(2)学生成果，如学生作品、学生代表性作业、学生获奖文件和证书、实践活动记录、荣誉称号等。

(3)科研项目及成果，主要包括研究项目申请书、研究过程记录、研究报告、研究成果、参评优秀成果资料、课题荣誉等。

(4)重大事项，如重要会议原始记录和重要活动原始记录，主要是相互探讨意见和决策的记录。

(5)校外合作交流，包括国内外交流合作项目和会议记录，主要记录交流活动形成的重要思想、理念和建议等。

(6)影音资料。

(7)各项成本记录。

(8)合作的合同书。

建设电子化档案库需要注意以下主要问题。

(1)建档需要形成系统化管理策略，要避免随意性、无序性，否则容易造成珍贵课程资料的遗漏问题。

(2)建档要珍视过程性资料。有些课程建档者只重视荣誉性成果的记录，如师生荣誉、显性的教科书、教案等，常常忽视校本课程建设中形成的过程性档案，尤其是重要会议过程中由与会者提出的各自意见和建议形成的原始会议记录。实际上，这些有关过程的记录才是最有研究价值和交流价值的。这些原始性资料更具理论研究、学术交流和实践推广价值。

(3)建档需要便于开展故事研究。学校不能为了所谓的提升自我层次，就用五花八门的理论来修饰自身校本课程建设项目的研究成果，校本课程的"特色"完全被掩盖掉，失去了其精彩所在。所以，我们建议采用"故事"的形式来阐述校本课程建设的过程和特点。

(二)成果展示

在当下信息化大爆发的社会，信息的重要性是不用言语的，学校需要超强的课程信息获取能力。比如，公布自我校本课程建设成果，表面上是给予他人信息，实际上是给予自己获取更多信息的机会。

在成果展示过程中，我们需要注意以下问题。

首先，分享自我校本课程成果，势必会引发同行的赞扬或批评。在这些评论中校本课程开发者可以发现自我课程的优点和不足，为自我完善打下基础，所以同行评论是校本课程完善的信息资源。

其次，展示校本课程建设成果便于学校教职工形成一致的价值观和荣誉感，有助于增强全体教职工的团结和集体荣誉感。集体荣誉感是学校发展的根本动力，在持续的校本课程完善中更是如此。

最后，展示校本课程建设成果也是自我反思、自我总结的机会。在展示成果时若我们要提炼特色并加以展示，就需要思考我们的校本课程到底具有什么特色，在校本课程建设中哪些经验是值得推广的，在哪些方面存在不足？与此同时还需要思考改进策略来完善校本课程。

当然，展示校本课程建设成果需要讲求真实，避免虚夸，更不能为推广学校而利用广告虚张声势。

成果展示的主要途径有以下几种方式。

(1)成果公示：运用张贴海报或电子展示的形式，在宣传窗、LED、校园网等平台进行展示。

(2)学术研讨会：邀请同行参加校内、区内、市内的学术研讨活动，来展示自我校本课程建设的成果或研究成果，相互交流学习。

(3)媒体宣传：利用报纸、新闻网站、电视、网络等公众媒体来加以宣传，提升成果影响力。

(三)网络管理

校本课程建设涉及人员庞杂、资源海量、时间跨度大。为提升有效性，许多的管理工作可以利用现代化网络技术。比如，了解学生学习需求，利用聊天工具中的视频会议、群聊或直播室等方式来获取信息。另外，学校与家长的联系也可以借助 App 等在线方法，如宁波智慧教育APP。教师开发的校本课程也可以通过网络来进行展示，如之江汇教育广场、浙江省普遍高中选修课网络课程平台。总之，运用好现代信息技术提升校本课程建设的效率是值得研究的课题和项目。

三、多元化问题解决策略 >>>>>>>>

（一）课程委员会会议法

校本课程建设是一项专业化工程，专业化工程就需要专业人士来完成，当校本课程建设实践中出现问题时，不适宜采取行政干预手段，需要校本课程开发人员——教师团队来解决，需要课程管理者充分尊重教师的专业水平。但这并不意味着课程管理者把自我课程决策权交给了少数教师，而是广泛地听取各方意见和建议，除了让收集到的信息更加全面外，最终还会使做出的决策更加合理、科学。召集教师专业团队，就需要学校课程委员会召开会议，教师可以阐述自我在校本课程建设实践中发现的问题、表达自我初步解决问题的方式、方法，能够调研发现校本课程建设中存在的真实问题和急需解决的问题，方便研讨出行之有效的解决方法。如此，充分尊重各方利益的校本课程建设决策也更加容易得到全体师生的认同，也更容易让全体师生参与到校本课程建设中来。为保证决策的科学、合理和可行，课程委员会会议在召开时组成的成员必须具有代表性，一般需要包括课程领导者、课程管理者、课程建设者、课程实施者、学生代表、家长代表、社区代表和课程专家等，并且保障其能够参加会议，同时会议议程必须充满民主氛围。

（二）课题研讨学习法

课程委员会会议法解决的是校本课程建设中重大问题解决策略、解决思路等方面的共识性问题，无法在一次会议中实现校本课程的完善。会议中确立的策略和思路是否科学是需要检验的，所以建议以依托课程委员会会议形成的校本课程重大问题解决策略为项目展开课题研究，需要在课程委员会会议中确立课题研究成员和需聘请的指导专家。通过开展课题研究才能解决校本课程建设中出现的专业化问题，同时有助于实现教师的职业化发展，提升教师的认知水平和解决教育问题的能力。

（三）调查访问法

调查法是通过收集大量校本课程建设实践中的大量信息，诊断分析其存在的问题和问题成因的有效方法。调查法常采取的形式包括问卷调查法和访谈调查法，问卷调查法涉及的对象群体较大，信息量也较大；访谈调查法涉及的对象群体较小，但能够获取内在原因，有利于问题成因的分析。不管如何，调查法都能为学校课程管理提供决策数据，是决策的必要条件。信息沟通不畅通，必然会影响学校校本课程建设问题决策的有效性、可行性和科学性。在实施调查法时，学校课程管理者需要注意不要使调查结果成为奖惩师生的依据，不然调查结果的可信性就会被怀疑。

(四)日常观察法

调查法涉及面较广，务必会增加校本课程管理者的工作量，经常进行显然是不现实的。但同时校本课程实施者和学习者作为人都存在遗忘性，集中化的信息收集可能会使一些小问题被遗漏。针对校本课程建设中存在的碎片化和时空差异性的问题，采取观察法是比较合适的，尤其在一些突发事件的诊断分析方面更加有效。

为解决校本课程建设中存在的问题，学校除了运用上述常规方法外，还应积极探索校本课程建设问题的特色化方法。比如，与师范院校深度合作、成立学校课程专家委员会、校内外校本课程评比活动、校本课程交流活动等，还可以建立校本课程在线课程，邀请社会人员共同开发校本课程。

四、决策权教师完善策略 ＞＞＞＞＞＞＞＞

(一)政策制度是教师参与校本课程治理的保障[1]

学校课程委员会在制定相关规章制度时需要认识到教师是校本课程的拥有者，承认教师是校本课程建设这一创造性活动的主体，是校本课程所能收获荣誉和利益的支配者。教师课程权力的主导权要得到保障，就要保证教师拥有校本课程建设的决策权、规划权、开设权和评价权。

---

[1] 邹馨：《民办外语特色学校英语教师参与校本课程开发的问题及对策研究——以成都 S 外国语学校为例》，硕士学位论文，四川师范大学，2018。

首先，课程决策权是指教师有权参与校本课程目标制定、课程内容选择、课程结构确立、实施策略确定和评价策略明确等问题的评议；其次，课程规划权是指教师是课程目标、课程结构、实施策略和评价策略的最终决定者；再次，课程开设权是指校本课程开发者有权决定自身是否开设校本课程，是否同意让他人开设校本课程，校本课程开设过程中实施的决定权也在教师；最后，课程评价权是指教师能够科学合理、高效准确地判断校本课程在决策、规划、开设甚至评价中是否有问题，并且能够运用信息解决问题的权利。

教师参与校本课程治理是学校课程治理理念的体现，这一理念的落实还需要学校以文本形式制定课程管理制度来保障教师课程管理的权利。学校在校本课程的课程决策、课程规划、实施策略和评价策略方面用制度赋予了教师自主权利，保障教师职业化发展和学生个性化发展的权益，激发教师参与校本课程管理的自觉性、积极性和科学性。

(二)校园文化是教师参与校本课程治理的基础

在传统课程管理文化体系中，学校课程管理者和教职工之间是一种垂直的线性关系，教师的核心职责是为学校校本课程管理者提供校本课程信息，即教师是校本课程信息的传递者。它看重的是管理者的权威性和领导性，注重对校本课程和教师的掌控，打击教师参与的积极性和主动性，校本课程完善动力不足。此类课程管理文化只能保障学校正常运作，与深化课程改革的社会大环境是难以适应的。需要学校管理者重建校园文化的大魄力，塑造一种激励创新、强调合作、提倡互助、尊重差异、融合多元和自觉自省的校园文化新气象，为学校校本课程管理向校本课程治理转变提供基础，进而为教师自觉主动参与校本课程治理提供氛围，促进教师在校本课程建设中发挥积极作用。

(三)能力提升是教师参与校本课程治理的基石

学校课程管理是由学校课程管理者或课程委员会负责制订课程计划和实施标准的，在制订过程中教师是被排除在外的，教师只是这一标准的机械执行者，教师是缺乏认同感甚至存在排斥感的。而在现有的校本课程治理体系内，学校充分尊重教师面临的校本课程问题中存在的个体差异性和即时情境性，需要教师及时、快速地解决，充分强调教师校本课程建设能力。因此，学校需要形成民主和谐的课程治理模式，注重教师的职业化成长和发展，使其能够参与到校本课程的治理中。

为此，为了教师能够掌握科学正确的校本课程治理理念，提高能力和水平，学校要立足基础和问题组织开展高效的校本课程治理理论和能力的培训，开阔教师校本课程治理眼界，促进教师形成现代化的治理理念和治理水平。

校本课程评价的多种类型

　　深化普通高中课程改革以后，持之以恒地进行课程评价是各普通高中学校发展活动的基本组成部分，始终关注课程目标的实现程度，通过持续性的评价不断加以改善，是学校真正改革的前提条件。由于教育的过程就是儿童成长与发展的过程，教育不应追求自身以外的目的，所以课程评价不是在教育过程即儿童的成长过程以外去寻找一把衡量的尺子，而是不断地发现成长的问题，并为解决问题提供理性的价值评判。因此，从某种程度上来说，评价就是一种批判性的探究过程。杜威说："我们应该根据行动的结果而反思这种行动，并根据这一反思采取行动。因为行动结果所暴露出来的问题有可能使我们做出更好的判断。"课程评价就是起到这样的作用：既发现价值、创造价值，又为价值的实现"保驾护航"——课程需要经常检查、批评和修订，以保证完成其目的。课程评价从课程的开发到实施，或起着价值导向的作用，或起着确保价值实现的作用。课程评价是课程研究的一部分，课程评价应引领课程开发，并与课程开发相结合，二者应该合并列入课程研究中。没有课程评价就没有课程开发的基础，没有评价就没有前进的方向和动力。作为一个动态的、不断进化的实体，课程需要评价判断来发现课程中已经存在或可能存在的问题，明确前进的方向，提供可行的方案，校正实践的偏差。因此，有学者认为，课程评价是连续的课程变革与课程开发的一个基本成分，课程应该不断地接受评价。

　　具体如何进行评价？通过实施课程目标和由地方教育行政部门与学校共同规划的评价计划，推动学校的发展，建立良好的学习和工作环境。

　　学校进行自我评价是课程评价计划的重要组成部分，这是学校成为目标明确和行之有效的教育机构的一条必由之路。自我评价的目的是从多方面确定学校目前的情况和发展需要，并同时促进学校形成积极向上的形象。发展不仅意味着学校活动和工作条件的普遍改善，还意味着特定课程和学科大类的发展。教师、学生、学校的其他成员以及家长，可能还有其他合作伙伴均可进行自我评价。学校利用评价数据发展其职能，如向教职工分配任务的要求是使他们用最佳方式利用其专业技术和专门知识；评价数据还为学校的资源规划提供依据。学校课程评价对象包括学生、教师和课程三个层面，下面将分别加以阐述。

一、对学生的评价——强调过程性、表现性 >>>>>>>>

坚持用发展的眼光看学生，不仅看到学生现有水平，还要看到潜在的发展可能性，突出评价的激励、反馈、调整和改进功能，激发学生在原有基础上充分发挥潜能取得成功。学生的个性差异决定了每个学生发展上的差异，因此评价方法也具有多样化。不同的学生应采取不同的评价标准，不同场合可运用不同的评价形式，目的是让人体会到只要努力就能获取成功的喜悦，这体现了教学思想的开放性。同时由于评价对象自身的复杂性，形式单一的评价难以形成恰当的评价结论，因此评价的方式方法应多样。做到量化评价和质性评价相结合，形成性评价和终结性评价相结合。

(一)学校评价标准(以奉化区第二中学为例)

1. 校本课程考核评价

(1)学生考勤记录。要求学生的修习时间不少于规定课时的2/3，并按照18课时1学分的标准折合学分(社会实践类选修课程根据活动时间折合成学时，修满13.5小时为1学分)。

(2)学生过程性评价。教师对学生学习态度、自主学习状况、作业完成情况、上课或活动参与程度及表现进行评定，可分优秀(A)、良好(B)、一般(C)、较差(E)四等级且及时记录在案。

(3)学生互评(要求同上)。

(4)考查或考试。学生在该选修课程修习期满后，应通过学校组织的相关考查或考试。

（5）考核评价。学生达到以上考核条例，可以获得相应学分。学分原则上由开课教师按要求进行评定，学校学分认定委员会认定并公示。

（6）学生成果评定。学生参加校级或上级教育部门组织的各级各类学科竞赛活动获奖，学校将根据实际情况对学生和指导教师予以一定的精神和物质奖励，相应学分参照《奉化二中学分认定与管理办法》认定。

2. 学分认定办法

（1）学分认定是对学生能否获得学分的判定。学分认定的意见分"同意认定""不予认定"两种。学生学完一定的课程并通过考核或获得相关证书，可获得相应的学分。

（2）学分初步认定工作由开课教师负责，学分认定委员会审核。

（3）学分认定的条件和形式包括下面三种。

①学业认定。主要适用于知识拓展类、职业技能类、兴趣特长类这类便于学业测试的校本课程。学生课程修习时间不少于规定课时的 2/3（18 学时为 1 学分）、学习过程表现良好、参加学校（社会培训机构）组织的考试（或考查）并合格的，即可取得学分。

②证书认证。主要适用于学生获得教育行政部门认可的资格或等级证书、比赛获奖等情况。学生取得相关的中、高级国家职业资格证书或专业等级证书的；学生在参加社区市级以上组织的各种知识、技能、文艺和体育等比赛中受到表彰和获奖的，可按规定认定学分，记录成为相应类型选修课程的学分。上述学分计该项目的最高学分，相同项目的学分不予累计认定。

③过程记录。主要适用于社会实践类选修课程。学生参加社会调查、社团活动、社会实践等活动，有活动计划、活动记录和总结，有学校或相关单位提供的证明材料、有反馈评价，可按相关规定认定学分。

（4）学生在校内外通过相应机构获得各荣誉、证书或成果，审核根据发证单位的资质、学习记录和证书，按照 18 课时 1 学分的标准折合学分。

（5）学生修习课程考核不合格，经补考仍不合格；课程的实际修习时间少于规定课时的 2/3；提供的相关资料弄虚作假，不予认定学分。学生在选修某一课程并已获得 1 个学分后，不得重复选课（如图 5-1）。

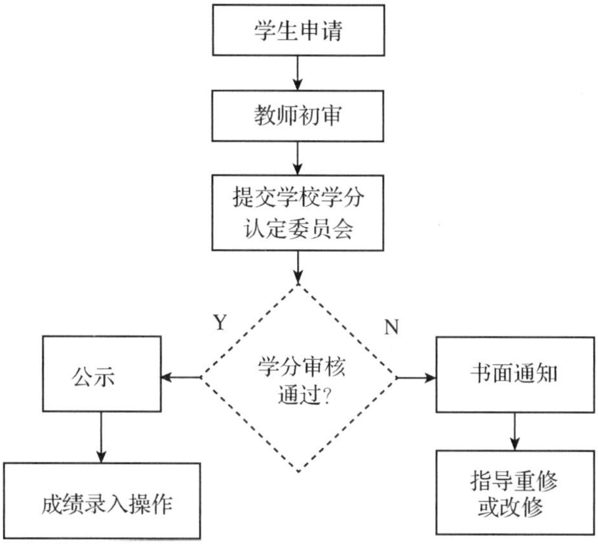

图 5-1　学分认定流程图

(二)课程考核要求

每一门课程学分认定都由过程性评价和终结性评价两部分组成，其中过程性评价一般包括出勤情况、课堂表现和作业成绩三部分，课堂表现有量化考核也有突出表现记录(如表 5-1、表 5-2)；终结性评价根据课程类型和特点采取不同的方式，学科拓展类一般采取纸笔测验，职业技能类和兴趣特长类一般采取技能检测(如表 5-3)或作品展示(如表 5-4)。其中过程性评价所占比重较大，一般都超过 60％。

表 5-1　PBL 生物学实验评核 A 表格

实验：

学生学号												
组别		组别			组别				组别			
评核准则——本实验技巧												
1. 清楚标注每支试管												
2. 按照实验步骤进行实验												
3. 准确使用仪器												

4. 能适当地使用仪器做准确的读数和测量									
5. 准确记录实验结果									
评核准则——安全措施									
6. 小心处理加热后的试管									
7. 能安全使用实验试剂									
评核准则——基本实验技能									
8. 能安全独立地做实验									
9. 能有组织地、有效地工作									
10. 能保持工作范围整洁									
总分：									

表 5-2　PBL 生物学实验评核 B 表格

实验：　　　　　　　　　　　　　　　　实验日期：

姓名：　　　　　　　　　　　　　　　　总分：

评分准则——实验设计	以下任何 8 项，每项 1 分	有"√"
1	能清楚界定探究的问题	
2	能应用生物原理设计探究实验，清楚列明假设	
3	能指出实验中适合的方法和技巧(包括所用的仪器和材料)	
4	能指出转变"自变量"的方法，并指出如何控制其他变量	
5	能指出以何种方法获得"应变量"的数据，并能注意到如何能准确地记录这些数据	
6	能清楚编写符合逻辑的实验步骤	
7	能准确地运用国际单位标示数据，如容积和时间	
8	能叙述及解释对照实验	
	分数	

评分准则——实验结果	以下任何 2 项，每项 1 分	有"√"
1	能适当选用国际单位准确地记录结果及关注细节	
2	能将实验结果恰当有效地使用列表、图形等形式表达，并附上恰当的标题	
	分数	

评分准则——实验结论与分析	以下任何 5 项，每项 1 分	有"√"
1	能认识数据的趋向及模式	
2	能把结果与探究的问题或假说进行配合并做适当演绎	
3	能清楚认识所采用的方法的局限性、做实验时出错的地方和它们对实验结果准确性的影响	
4	能在适当时候提出改良技巧及做进一步探究的建议	
5	能做出适当的结论，并以合理的论据支持	
	分数	

表 5-3 "尤克里里弹唱"评分标准

评价内容	分层打分标准				得分
弹唱技法与表演状态 20 分	具有正确的弹唱技法和投入的表演状态 18～20 分	弹唱技法基本正确，表演状态不够投入 15～17 分	弹唱技法不太正确，表演状态比较投入 12～14 分	弹唱技法错误较多，表演状态不够投入 8～11 分	
弹唱作品完成度及对音乐要素的把控能力 50 分	乐曲弹唱规范、完整、流畅，具有正确把握节奏、力度、速度、音色及音准的能力 45～50 分	乐曲弹唱规范、完整、流畅，但节奏、力度、速度、音色及音准把控不够细致 40～44 分	乐曲弹唱规范、完整，但流畅度不够，对节奏、力度、速度、音色及音准把控力不足 35～39 分	乐曲弹唱不够规范、完整、流畅，对与节奏、力度、速度、音色及音准把控力不足 28～34 分	

评价内容	分层打分标准				得分
乐曲风格的体现及艺术表现力 20分	能较好地体现乐曲的内容与风格，具有较强的艺术表现力 18～20分	能较好地体现乐曲的内容和风格，但艺术表现力不够 15～17分	对乐曲的内容和风格体现不足，艺术表现力比较好 12～14分	对乐曲的内容和风格体现不足，艺术表现力也不足 8～11分	
所选乐曲的难度 10分	所选乐曲在演奏技巧和音乐要素方面都有较大难度 9～10分	所选乐曲在演奏技巧上难度较大，但在音乐要素表达方面难度不大 7～8分	所选乐曲在演奏技巧上难度不大，但在音乐要素表达方面难度较大 5～6分	所选乐曲在演奏技巧和音乐要素表达方面难度都不大 3～4分	
总分 100 分					

表 5-4　经典木工作品评价量表

1. 思想性、科学性、规范性（30分）

内容	分值
主题明确，内容健康向上，能科学、完整地表达主题思想	10 分
内容切合作者的学习和样品实际	10 分
部件的完整性	10 分

2. 艺术性（40分）

内容	分值
能反映出作者具有一定的审美能力和设计能力	15 分
设计意识独特，作品空间和谐，作品前后意思连贯	15 分
表现形式美观、准确，具有艺术表现力和感染力，易于理解和接受	10 分

3. 技术性（30分）

内容	分值
选用制作工具和材料准确、恰当	10 分
结构运用准确、恰当、简洁，视觉效果好	10 分
外观整体稳定性	10 分

二、对教师的评价——质性与量化相结合 >>>>>>>

教师评价结合课程评价与学生满意度测评，对教师校本课程教学工作做出客观评价。评价主要采取实施管理和量化考核形式，实施管理注重考勤记录和资料检查。

(一)教师管理

教师管理应做好以下几方面的工作。

(1)开课教师应做好教学常规(授课计划、教案、作业)，做好学生出勤登记(如有学生缺席应及时上报教务处)，指导学生做好课程的教学笔记。

(2)教师在开课过程中应及时听取课程委员会和学生的意见，并根据实际情况修改教学计划，报教务处同意后执行。

(3)教师要做好每个学生课程学习中的过程性记录和结果性评价，在课程结束后及时把教案、课程资料和学生评价等课程资源归档教务处。

(4)学校建立以校为本的教学研究制度，鼓励教师针对教学实践中的问题开展教学研究，重视不同学科教师的交流与研讨。以教研组、备课组为单位进行公开课、示范课、优质课等听评课活动，通过具体课程的分析、讨论和交流促进教师教学水平的提高；以集体备课制度为平台，规范教师教学行为，切实提高教师专业水平；组织理论学习，通过专家讲座、教师进修等形式提高教师教育理论水平。

(二)量化考核

校本课程的考核评价遵循有利于学生成长和教师发展的需要，建立新的教师评价体系。改变了以往单一的以终结性评价为主要形式的评价方法，建立了多元化、新型的评价体系，对教师实施发展性评价。初步确定七项评价内容。

(1)学生问卷调查和座谈会对课程的评价结果(30%)。

(2)课程开设的影响力和实际效果(20%)。

(3)教师公开课、示范课等教研活动情况(10%)。

(4)课程资源的积累和归档(10%)。

(5)课程资源管理与评审委员会的调研(10%)。

（6）课程成果展示（含各级各类比赛获奖）（10％）。

（7）课程内容的特色化（10％）。

三、对课程的评价——强化引导性 ▷▷▷▷▷▷▷

评价具有指导、监控和激励等功能，因此建立健全校本课程的评价体系是校本课程的有效保障。基于上述理论的指导，学校运用评价手段，促进校本课程的有效发展，主要是从校本课程的设计内容、实施过程和实施效果三个方面进行引导性的评价。

（一）设计评价

着重对校本课程的内容设计体系进行评价。评价内容主要是课程目标的设置是否科学合理，内容的选择是否从学生需求出发，内容的难易排序是否符合学生的认知发展规律，等等。以此来制定《校本课程开发审核制度》。

1. 审核原则

（1）发展性。校本课程开设的根本目的是发现和发展学生的潜能和个性，更好地促进学生潜能的发展是课程评价的根本性原则，所以校本课程必须明确促进学生发展的课程目标。

（2）拓展性。校本课程是国家和地方课程的拓展，要与基础型学科的教学密切相关但又超越通常的学科课程教学，能否促进学生全面且有个性的发展是评价课程的重要内容。

（3）科学性。校本课程的提出和教学内容的设计必须符合科学性原则，要体现某一学科或领域的特点与规律。要尽量体现科技发展的时代特征与趋势，要体现文化性、社会性。校本课程的设计要尽量帮助学生认识一个科学规律的自然现象或社会现象。

（4）适用性。校本课程的开发必须与学生身心特点相适应，与学生的兴趣爱好相一致，在难度上不能超越学生发展的基础，要尽量选择一些学生关心的当代科技与社会发展中的热点问题。

（5）广泛性。学校课程在"知识拓展、职业技能、兴趣特长和社会实践"这四种类型内，教师可以选择认为合适的内容来设计学校课程，只要通过学校课程委员会的评审就可以列入学校校本课程目录。

2. 审核流程

(1)开发。教师或教师团队自主开发校本课程。

(2)申报。填写学校课程申报表，要求附表上有课程纲要和教学内容(上学年学期结束前即6月底7月初上报)。

(3)评估。学校课程审定委员会讨论该课程的设计是否符合学校课程发展方向以及课程的可行性，做出评估报告。对于不符合要求的课程提出修改意见，要求课程调整重新申报。

(4)认定。学校课程审定委员会认定该课程是否列入学校选修课程开发目录。

注：对引进课程的二次开发，操作程序如前。

(二)实施评价

着重对校本课程的实施过程进行评价。评价内容主要是是否选择了最恰当的课程组织形式，课时数的落实情况怎样，是否选择了最恰当的教学方式实施教学。以此来制定《校本课程开设审核制度》和《校本课程走班管理制度》。

1. 开设审核

(1)申报。学期末教师申报下学期拟开设的选修课程名称，教研组长协调后填写本组所有课程汇总表，上报教务处。

(2)初审汇总。课程委员会初审课程申报资料，科研处汇总制作下学期拟开设的选修课程目录，并确定各门课的课时、学分、人数限定、上课地点、任课教师等。

(3)审核。学校课程委员会讨论确定下学期拟开设的选修课程目录。

(4)公布。教务处在开学前3天，在校园网上公布选修课程目录及课程的详细信息，供学生预选。

(5)指导选课。开学后一周内，由年级组、班主任和任课教师安排专门时间指导学生选课，学生填写统一的选课单，签名确认，上报教务处。

(6)确认。教务处汇总选课单，符合开课条件的(规定开课人数应等于或多于20人)，确认开课，并做出相关安排，编制课程选修学生名册，通知任课教师。

(7)开课。一般应从每学期第 2 周起开出各类选修课程。

为确保选课、开课质量，必须建立高效的管理系统。有条件的话，要实现网上选课。

2. 实施管理

(1)课程导师应增强课程意识，建立课程档案，不断丰富完善课程资料。各年级的每一课程确定一位课程负责教师，学校对每一课程导师发放档案袋，将与该课程相关材料放档案袋内，每一个周期的课程教学结束后由课程负责教师汇总课程档案交教务处存档。

(2)各教学班课程档案袋内材料应包括以下相关资料(由各课程导师负责)。

①汇总信封袋封面注明：班级名称、授课教师姓名、授课地点、学生数。

②班级组成：选课学生名单、教学班班干部名单、座位表。

③各课教案。

④考勤表：记录每次考勤的时间及每一位学生的出勤情况，学生请假单，最后是出勤统计。

⑤选修课程作业登记表：记录每一次作业的收缴情况并对每一次作业分 A、B、C、E 等级评价。其中 A、B、C、E 分别代表优秀、良好、合格、不合格。

⑥学生作业原件：每次作业(作品)每行政班选一份作业原件装入档案袋内(具体到一位学生至多选一次)。

⑦课程终端考试(考查)试卷。

⑧课程的综合成绩评价表：含出勤、课堂表现、作业分、终端考试(考查)成绩、综合评定成绩。

⑨课程自我评价材料。

⑩其他相关佐证材料(照片等)。

(3)课程档案袋内汇总材料应包括以下资料(由各课程负责教师负责)。

①课程档案袋封面：课程名称、授课学生届别及学期、授课日期、授课班级数。

②课程基本情况：课程纲要、课程目录、各课时课程内容等。

③课程开设安排：授课教师、授课学生名单、授课时间、授课地点的汇总(教务处提供)。

④各教学班课程档案袋内材料(每班一信封袋)。

⑤课程评价。

⑥学生课程满意度抽样调查表。

(4)选修课程应完全开放，学校领导、教师可以随时听课。教学管理人员在不影响教师授课的前提下可进入课堂拍照、进行问卷调查等。

(三)实效评价

实效评价着重于对校本课程实施后的实际效果进行评估。评价内容主要是学生能力和学业的发展情况，评估课程实施是否选择了最恰当的评价模式，评价目标是否多元化，评价手段是否多样化。实行定性与定量结合的方法制作校本课程考核量表(见表5-5)。

表 5-5　课程考核量表

维度目标	目标项目	项目要求	评分标准
开发程度	资源完整度	需要完整可行的课程纲要；需要完整可行的课程内容(可以是 PPT、教案、教科书等形式)；需要有效可实施的课程评价方案；需要可实施的人员筛选方案，需要一定量的课程实施资源	每一点 2 分，最高 10 分
	资源更新度	增加有效的课程资源	每增加一点 5 分，最高 10 分
实施程度	培养学生量	培养学生的数量	以 20 人为基准，赋予 20 分；每增加 10 人加 5 分。不设最高分值
	过程性材料	评价方案的实施情况；课程实施的过程性记录情况	完整的每项 10 分
实施效度	基本达标率	学生学业修习完成质量	每 5% 赋予 1 分，最高 20 分
	荣誉水平	区级及以上学生获奖情况	按人次和获奖级别赋予分数，不设上限

第六章
自主与选择：发现适合自己的课程

学校校本课程建设是系统化的工程，需要社会、学校、教师、学生等多元主体的共同参与，围绕促进学生发展这一学校育人目标来整合学校课程资源。学校课程主体之间既要各有分工，又要互相融合、相互照应。学生就是一个重要的主体，是课程建设的主体目标，是课程培养的主要对象。在实现过程中学生更多的是被动接受者，缺乏主动性，学校为了提升学生在课程建设方面的主体性为学生创设多元参与的机会，不断调整课程建设中学生的角色定位，向理想化、多元化角色转变，师生共同实现适宜课程的开发任务，实现适合的课程开发。

第一节

校本课程建设中的学生角色

学生与课程间的关系深受教育理论界的关注，课程知识的逻辑性和学生知识的经验性差异伴随着教育理论的变迁，促使学生角色这一学生地位的外在表现发生变化。梳理教育理论中学生角色的变迁，能揭示学生角色的变化本质，为分析课程建设实践中学生的角色定位提供理论基础，从而明晰现实中的学生角色。①

一、学生是课程"服从者" >>>>>>>

学生是课程"服从者"的观念在中西方都有着悠久的历史。在中国古代教育中，强调"师道尊严"，要求学生是绝对的服从者和受教者，在教育领域提出"师为生纲"，树立起教师的绝对权威性。西方教育界亦如此，他们认为服从是儿童的必备品质，进而重视儿童的管理，加之工业革命发展的需要，强调学科知识逻辑性和学科知识的社会需求，逐步形成和巩固教师中心和学科中心课程理论。②

学生是课程"服从者"理论的出现具有其合理的一面，是一定时代对公民特定品质需要的肯定，符合工业大生产对公民机械性服从管理者需求的满足，实现了那个时代人才快速培养的需要；是以"人性本恶""人是需要管束"和"人需要传承社会知识"等观念在教育领域的实践结果。符合

---

① 朱宏纯：《新课程背景下中学校本课程的本土化研发：以青海省中学校本课程开发为例》，硕士学位论文，青海师范大学，2011。

② 李晓、陈文、黄剑锋：《化学校本课程开发中学生角色转变的实践研究》，载《广西教育》，2014(48)。

人标准化掌握科学知识这一工业发展基础和要求，能够为社会提供大量参与机械化大生产的劳动力，有利于促进社会进步。

这一理念的局限性是把课程简单地看作"科学"或"知识"，把教育教学活动简单地认为只有"科学"或"知识"的讲解和传授，只简单地强调教育是为工业社会发展服务的，忽视人性的需求，遏制人的创造性和发展性，妨碍批判精神的培养。单一的"服从者"已经与时代格格不入，是需要批判的。但在应试教育和父母要求等压力下，"一优遮百丑"当行其道，课程"服从者"角色大有人在。

课程"服从者"学生角色忽略学生的感受，过多强调知识的逻辑性和教师的权威性，在塑造"服从者"的同时，容易衍生出"反抗者"。一类是由于学生的学习进度慢，难以跟上教师教学进度，难以获取成功的喜悦，对学习失去信心，造成无奈型"反抗者"；另一类是由于学生学习能力较强，但教师所教内容既与学生兴趣无关，也与升学无关，学生学习缺乏动力，采取消极应对，造成自傲型"反抗者"。

二、学生是课程"参与者" >>>>>>>

以杜威为代表的实用主义者认为知识是儿童应对环境的经验和解决策略的积累，学校的教育任务就是让儿童获得解决问题的原始经验，同时儿童在接受教师正式教学之前已经具备一定的原始经验积累，这是学生建构自身知识的重要素材，需要教育者加以收集和使用。强调学生是课程的中心，需要学生能够自行规划学业方向和进度、自行制定学习的方式方法和自觉展开落实学习计划，学生才是学习的主导者。存在主义者强调个人选择的重要性，学生需要学会选择，在可选择的课程中选择自身需要的课程。教育是人的教育，学生是教育主体，是教育的选择者，有自由选择的权利，也有选择的责任。校本课程开发权需要转向学生，学生有权参与课程开发。使学生的课程角色发生质的转变，从"服从者"转向"参与者"。

人本主义心理学派的兴起更是促使了这种转变的发生，巩固了"参与者"这一学生角色。人本主义心理学派打破了师生之间显著的上下级关系，强调教学是人学习知识的过程，注重学习过程的重要性，并且在此过程中强调学生的自发性，有意义的学习需要学习者主动参与学习，是一项完全自愿的活动，同时要求学习者学会自我反思，即学生在制定自身学习目标的同时能够对此加以评价，这就决定了师生在教学过程都可以提供学习材料。持有这一理念的还有合作教育理论，合作教育理论强调人道主义精神，充分尊重学生的个性差异，注重建立师生间互相尊重、互相信任的合作关系，实现师生共同参与课程建设，主张把学生当成课程建设过程中的年幼同伴。在课程权力下放的今天，在课程三级管理模式中学生"参与者"的角色地位更加得以凸显。学生"参与者"角色主要体现在课程内容选择、课程实施成效反馈和课程评价等方面，能够使学生融入课程建设，使课程成为适合学生的课程。

三、学生课程角色多重性 >>>>>>>>

在系统论、控制论、信息论和自组织理论等思潮影响下，事物研究强调多维度性、多样化性、多因素性、多基源性、多中心性和多元性。认知策略上强调采取多视角性、多原理性、多观点性；事物定性上强调开放性、动态变化性和尚未完成性。校本课程建设本身就是一种复杂系统。学生就是其中的一个因子，但由于他们处于逻辑思维和抽象思维发展阶段，并且此类思维发展尚未完善，同时他们的自我控制能力又不足。这些因素就决定了为他们提供课程建设的支撑是有限的。学生需要一定的独立性，不希望教师过多干扰，想要根据自我兴趣、情感和已有经验来决定自我的学习内容及学习方向，具有一定的自主性和建构性，同时也会受教师教学风格、教学形式等影响发生改变。矛盾的心理状态决定了学生在课程建设中扮演的角色不可能是单一的，也使学生成为课程建设中最不确定的因素，也是最不稳定的因素，直接影响着课程建设的成败。

校本课程本身也是一个复杂系统，它处于每个学校特定的时空内，同时也面临着特定的外界环境。它既受外界环境的影响，如国家课程政策、学校社会地位、学校周边环境、学校生源质量等条件；又受内部环境的影响，如学校师资资源丰富程度、校长课程领导力强弱、教师课程开发意愿和能力强弱、学生课程建设参与程度等。有序的和无序的因素交织在一起，预示着课程建设需要各种角色间的博弈和竞争，需要各主体协同落实课程建设。

种种因素造就学生不再是单一的"服从者"和"参与者"，成为多元的存在：第一，学生是校本课程素材的提供者和需求者，在课程建设中要听取学生意见，满足学生需求；第二，学生是校本课程的决策者，需要学生参与到校本课程的建设中来，但是这种参与要适度；第三，学生是校本课程的参与者和受益者，调动学生的主动性，使其主动参与到校本课程建设中去，打造出适合自身的课程，成为校本课程真正的受益者；第四，学生是校本课程的评价者，校本课程建设的目的是让学生得到发展，学生发展是校本课程成功的根本标准，学生在参与课程评价中也可发展自我的智力和交际能力。

　　后现代课程观认为，课程是非线性的。学生不再是社会知识的传承者和自我经验的表达者，而是社会知识的接纳者、传递者、诉说者、解释者、创造者等。学生的角色日益多样化，并且在校本课程建设中扮演着越来越重要的角色。

第二节

学生参与课程开发的作用

　　课程素材和课程信息来源的多元性决定了校本课程开发是各层级的需求评估和综合分析的过程。第一、第二层级属于宏观层面，信息主要来源于社会和学科，包括社会文化属性、社会人才需求和学科逻辑结构；第三层级属于微观层面，信息主要来源于社区和学校；第四层级属于人的层面，信息主要来源于学生，需要综合学生整体的关注和个人需求的重视。在校本课程建设实践活动中，要充分分析学生的文化背景、社会需求、学习基础、学习兴趣、学习目标、思维模式、发展愿景等因素。在校本课程实施中时刻关注学生个体需求，并且及时调整教学内容和教学模式，规划好不同阶段学生需求的调查方法，时刻准确掌握学生的学习需求，协调好学生需求的个体差异性及个体与社会需求的统一性。在课程规划阶段，要更加关注学生间需求的差异性，综合分析学生的不同需求，使其成为课程规划的核心信息源之一。认真分析学生对已有校本课程的态度和应对策略，是校本课程实施阶段的重要任务，能够帮助学校及时调整校本课程的教学内容和教学策略。有助于校本课程在动态中得以创生，不断适应学生发展需要，使学生在校本课程开发中体验成功的喜悦，更加主动地成为校本课程开发的参与者。[①]

一、学生参与校本课程决策[②] >>>>>>>

　　学生要成为校本课程开发规划阶段的决策者，就要做到以下三点。

---

① 田昊罡：《如何让学生积极参与到校本课开发与实践中》，载《东西南北(教育)》，2014(5)。
② 刘雪梅、祝成林：《学生：不可或缺的校本课程决策主体》，载《教育探索》，2010(1)。

第一，学生需要参与校本课程目标的决策。虽然学生需求是校本课程目标制定的信息来源之一，但这与学生参与校本课程目标制定的决策是两码事。学生参与校本课程目标决策可以在校本课程目标制定的两个阶段发挥作用：其一是在学校校本课程管理机构确定校本课程培养目标之前；其二是在学校课程委员会草拟校本课程目标之后收集意见和建议的阶段。意见和建议的收集可以采用问卷调查和民主选取学生代表参与课程委员会会议方式，共同参与校本课程目标的讨论和最终确认，使校本课程目标的确立也包含学生的一份智慧。

第二，校本课程教学内容的确立需要依据校本课程目标，同时需要注重课程内容的科学性、逻辑性和时效性，还要注意学生的兴趣性和适应性，为调动学生的兴趣要把学生已有经验纳入课程内容中，联系学生实际。为高效实现课程内容学生同化，需要学生参与到校本课程教学内容选择的决策中来，让学生共同参与校本课程开发。学校在校本课程内容确立过程中要广泛听取学生意见，意见反馈模式包括行政班反馈模式（班主任负责）、课程开发者组织的听证会和问卷调查、学校课程委员会组织的听证会和问卷调查。

第三，校本课程教学内容的提供者也包括学生，学生可以主动或被动地为校本课程开发者提供教学活动的原始教学素材，也可以提供经过指导加工的校本课程教学内容。这样，学生的已有经验就会成为真正的教学资源，学生也从隐形参与者真正成为校本课程建设的参与者。学生从校本课程开发的规划阶段就开始明确自己的责任，而不是简单地学习任务，这样一来既明显提升了自己参与学习的有效性，又推进了校本课程开发和完善的进度。

二、学生参与校本课程管理[①]　>>>>>>>

校本课程实施的目标是促进学生发展，学生发展成效是校本课程实施有效性的核心检测指标。为提升学生学习的有效性，改善学生自制力差的现状，校本课程实施者需要学生成为自我学习的管理者。首先就需

---

① 李云星：《学生·学校·学科——学校课程建设的三重立场》，载《教育发展研究》，2016(12)。

要教师打破校本课程实施过程中的班级固化现象，根据学生特点和教学内容特点做好分组分工，使每一个成员明确其不同教学阶段的权利与义务，使每一个学生都成为校本课程的"主人"。对于校本课程的被动"服从者"和消极"反抗者"更加需要引导，让学生成为校本课程开发规划阶段的代表，成为校本课程实施阶段的班级成员和课堂纪律的管理者，甚至成为课堂教学的实施者。

在校本课程实施的教学内容方面可以让学生商量决定，只要在校本课程整体框架内都可以采用，教学时间也可以按照学生实际兴趣来加以变动，立足于学生需要，学生才能够积极主动参与到校本课程的实施过程中去。具有传承性或系列化的校本课程还可以采用师徒结对的教学模式，选择老生中的优秀者成为师傅，把自己学到的基本知识和基本技能传授给新学员，在此过程中既落实了知识的传承，又使老生巩固了自身的知识甚至升华了自我的知识结构，提升了学习成效。

三、学生参与校本课程评价[①] >>>>>>>

校本课程评价是校本课程规划和实施的终点，同时也是校本课程规划和实施更进一步的开始，这一点将校本课程开发是一个动态创生过程的特点表现得淋漓尽致。实际情况是学校一般都把校本课程的评价权给予校外的课程专家，如组织校本课程校内评比活动都会聘请校外专家组成课程评价委员会，并且要求校本课程开发者参与精品课程的评选活动来证明其有效性和优秀性，而忽略了学生这一校本课程参与者课程评价的价值，使其成为校本课程实施的信息提供者，学生明显成了校本课程评价的客体。只有让学生真正参与到校本课程评价中去，成为校本课程评价的主体，才能与教师一起发现校本课程中存在的问题，进而促使校本课程在正常轨道上发展下去。学生成为校本课程评价的主体可以从学生对校本课程评价和自我学业水平两个方面入手来开展工作。

学生对校本课程建设本身的评价就是让学生参与对校本课程培养目标、教学内容、教学策略、课程实施等方面的评价。此类评价开展模式

---

① 鲁海波：《校本课程开发中的学生角色研究：以上海市 X 中学"经典诵读"校本课程开发为个案》，硕士学位论文，华东师范大学，2012。

可以是选择学生代表参与课程委员会组织召开的校本课程评价会议，同时结合对学生开展的问卷调查、随机访谈或座谈等方法，让学生表达对校本课程开发过程中存在的一些问题的看法，以便校本课程开发者能够及时调整校本课程开发的方向，处理校本课程开发中存在的问题和不足。为使学生能够积极参与到校本课程开发评价活动中去，校本课程开发管理者和开发者需要高度重视学生的诉求，做到及时回应，让学生能够真真切切感受到自己的建议或意见受到重视。

学生对自我学业水平的评价，要求学生参与到校本课程开发评价模块设计的探讨过程中去，与校本课程开发者共同确定评价方式、评价内容、评价时间等，甚至共同制定校本课程学业成效评价标准，包括评价标准组成模块、模块比重、合格线、优秀线等内容。为尽快制定校本课程学生学业评价方案，校本课程开发者要先行拟订草案，让学生参与讨论来完善评价方案。如此既尊重了学生的需要，又避免了学生对课程知识内在逻辑的认知不足，使学生更好地成为校本课程学生学业评价方面积极信息的反馈者，有助于校本课程的有效发展。

第三节

学生参与课程建设的案例

学校课程委员会定期与不定期地召开校本课程相关会议和调研工作，为学生提供畅通的意见和建议通道，以期助力学校校本课程建设，落实学校依托特色校本课程实现学校特色发展的理念。学生为学校校本课程建设提供高效的助力，下面我们将从校本课程生本化和生本课程个性化两个维度来阐述学生参与校本课程建设的案例。

一、学生参与校本课程生本化

随着信息技术的发展和知识爆炸式的大发展，在海量的知识中筛选出适合学生发展需要的知识，单单依靠教师团队显然是不现实的，需要学生在课程内容、实施策略、评价内容等方面提供有效的支援。

（一）学生是教学内容的确立者

高一课程"未来之路——高中生生涯规划"的第四章"专业选择与职业发展"主要是介绍大学的专业，让学生对高校专业有所了解，从而完成升学目标的选择。但中国高校共有 13 个学科，92 个大学专业类，506 种大学专业，新兴专业也在不断出现，同时还有学生可能有出国需求，还要介绍国外的专业，因此在短短 18 课时的教学过程中落实全面的专业介绍是不可能的，这就需要校本课程开发者加以取舍。教师在取舍过程中确定金融业、动物医学、财务管理和机械自动化四个专业类进行着重介绍，教案如下。

我对职业世界的认识（大学专业介绍）

据了解，很多人都对自己现在所从事的职业感到不满意。并且还有人认为从事自己不喜欢的工作没有什么关系，工作是工作，兴趣是兴趣，工作只是为了解决生存需要，兴趣完全可以在闲暇时间去弄。这些人把工作和私事分得一清二楚，这样做其实是很痛苦的。我们可以算一笔账，一天 24 小时，7～8 小时用来休息，2～3 小时用来进行一日三餐（这还不包括要聊天的饭局），1～2 小时用于穿梭于公司与住宅之间（对于很多人可能要更久），这样一多半的时间就折进去了，你还得留一些时间处理一些杂事儿，购置一些生活必需品，跟朋友和恋人聊天或进行一些联络感情的活动等，如果再减去这些时间，工作的 8 小时时间是不是看起来就尤为珍贵了呢？实际上，工作在我们的人生中占据了相当大的比重。如果你的工作不是你所喜欢的，那你的人生相当大一部分时间就是在做自己一点都不喜欢的事情，这将是多大的悲哀呀！如果能把工作当成私事去做，努力工作甚至忘记时间的流逝，那你该是多么幸福啊！

一、选择职业的指导性原则

（一）热爱工作带给自己的生活模式和人生状态

确定人生目标是选择工作的先决条件。先问问自己，自己究竟想过一种什么样的人生，想以一种怎样的方式去生活。比如，你充满热情和抱负，喜欢接受新鲜事物和充满挑战的人生，却选择去了一家像养老院一样清闲的事业单位工作。那你每天的工作都成为你理想与现实的痛苦拉锯战，其结果也只能是两种：一是你妥协了，热情渐渐被消磨，志气一点点被减弱，慢慢地你也变得死气沉沉了；二是你最终还是无法习惯这样的生活，经过复杂且长期的心理斗争，最终还是选择出来继续为自己的理想而奋斗，或是选择自己想要的生活，而残酷的是到时候你是否还能适应一直快节奏且充满竞争的社会，就是未知数了。当然，并不是说事业单位不好，关键是是否适合你，那种生活到底是不是你想要的。所以，永远不要为了安逸稳定以及别人眼中的好工作，去选择一份工作。

（二）要看所选工作带来的附加价值

当然，薪酬待遇是保障我们生活水平的物质条件，但这只是针对目前的状况。对于今后的生活，比较高的薪酬就可以带来保障吗？答案当然是否定的，毕竟相对高出的薪酬数额终归是有限的，它无法为你今后的生活提供保障。所以，可以给你今后生活水平带来保障的是能力，而不是金钱。要得到真正的保障，不能靠存钱，而是要靠增加能力的储备。如果你能力储备提高了，即使你由于各种变故要离开你所在的岗位和公司的时候，你也能马上找到新的工作，继续在一个新的环境里保障自己的生活。比如，有一个月薪 5000 元的工作和一个月薪 8000 元的工作，乍一看，很多人都会毫不犹豫选择后者，但是如果月薪 5000 元的工作有较高的附加价值，可以提高自己的能力，那么这两个工作的实际价值就发生了 180 度的变化。所以，一定要关注你的工作能够带给你的成长空间，也就是要看到"真正意义上的价值"。

（三）要好好选择"跟谁一起做"

人们都会慎重选择结婚对象，但是面对工作对象的选择，好像重视程度还远远不够。工作对象的选择其实是非常重要的，一个人与工作对象相处的时间绝对不比结婚对象少多少，对于这样一个需要长久相处的伙伴，如果不是志同道合的人，可能也很难走长远。与有相同价值观的人一起工作，更容易达成默契和共识，会使工作变得愉快轻松，减少很多沟通障碍。这样一来，工作效率与工作质量都会大大提高。如果找到了志同道合的伙伴，即使事情发生了改变，一起工作的人也不会变化。

二、我国主要职业的分类与介绍

（一）我国主要职业的分类

你知道我国共有多少个职业吗？《中华人民共和国职业分类大典》将我国职业归为 8 个大类，共 1838 个职业。这部大典是我国第一部具有国家标准性质的职业分类大全，是同劳动和社会保障部、国家质量技术监督局、国家统计局联合颁布的。大典参照国际标准职业分类，从我国实际出发，按照工作性质同一性的基本原则，对我国社会职业进行了科学划分和归类，全面客观地反映了现阶段我国社会职业结构状况，填补了我国职业分类的一项空白。这部大典将我国职业归为 8 个大类，66 个中类，413 个小类。8 个大类分别如下。第一大类：国家机关、党群组织、企业、事业单位负责人；第二大类：专业技术人员；第三大类：办事人员和有关人员；第四大类：商业、服务业人员；第五大类：农、林、牧、渔、水利业生产人员；第六大类：生产、运输设备操作人员及有关人员；第七大类：军人；第八大类：不便分类的其他从业人员。

(二)部分职业类型介绍

1. 金融学

一门什么样的学科——教你进行投资的学问。

研究银行、保险公司和其他金融企业的工作及管理方式，了解货币、证券的由来及其功能和交易方式都属于金融学的学习范畴。它教你分析、预测股票和外汇价格的变动，掌握时机买卖证券赚取利润的技巧。它还告诉你银行、保险公司是怎么吸引存款和保险、怎么投资赚钱的。此专业偏文科，所学知识多属文科范畴，不过如果进行证券投资也需要有较好的数学基础。

授课的内容——讲授、模拟和实践。

你会发现金融学就是讲钱、钱、钱，货币是钱，股票、债券都是钱。货币银行学、证券投资学、保险学、商业银行业务及中央银行业务等都是金融学的主要课程。除了课堂上学习理论之外，很多学校都会组织模拟进行股票和外汇的投资交易，来帮助学生了解所学内容，毕业前2～3个月在银行或证券公司的实习则更能加深学生对投资的理解。

毕业后干什么——做证券投资人员、银行职员或研究人员。

(1)证券投资人员——投资股票、外汇、国债等，起薪2500元/月。

(2)银行职员——管理银行的存贷款及投资业务，起薪2000元/月。

(3)研究人员——研究国际国内股票、外汇理论及银行、保险公司的业务，写文章说明自己的研究成果，起薪2000元/月。

报考什么样的学校

国内开设金融学专业的院校有130多所，中央财经大学、北京大学、中国人民大学、南开大学和其他财经院校都设有此专业，其中中央财经大学是国内金融学、财政学的专业重点院校，教学质量和师资力量都相当不错，竞争非常激烈。北京大学、中国人民大学等知名综合性大学的分数线也相当高。

相关专业找一找

(1)有关联的其他专业：经济学、财政学、国际经济与贸易、金融工程、信用管理、投资。

(2)名称不同但实质相同的专业：国际金融。

提醒

(1)从事金融工作需要具备很好的心理素质，以承担投资风险带来的巨大心理压力。

（2）计算机在现代金融业务中已经广泛应用，从事金融工作必须具备良好的计算机应用技能。

（3）金融业在我国的发展很快，银行、保险公司、证券公司都需要大量有扎实专业知识基础的人才。

2. 动物医学

一门什么样的学科——研究动物病理科学，控制动物疾病的发生。

是研究家畜、宠物、野生动物等所有动物疾病的预防、治疗的理论和技术的一门学问。从研究动物的骨骼肌肉、内脏位置开始，通过大量有趣的实验和丰富的临床实习，你将逐步了解动物疾病种类及症状，它们生病的原因，如何预防家畜传染病等知识，掌握治疗动物疾病的有效方法。运用动物医学的研究成果，能有效控制疾病发生给动物生产单位造成的经济损失，还能保障家庭宠物的健康。近年有关"疯牛病""口蹄疫"等恶性病的课题非常流行。动物医学把重点放在处理具体复杂病症能力的培养上，而不是在背诵药方的水平上。

授课的内容——会有很多做有趣实验和临床诊疗的机会。

学习的内容非常广泛，如微生物学、免疫学、传染病学、临床外科学等，还要看许多的技术资料片。此外，基础实验方法和手术技巧的掌握十分必要：你将与其他人合作设计并实施实验或手术，比如，羊的瘤胃瘘管实验，是在动物的瘤胃上安一瘘管，之后在一段时间中饲养并观察其瘤胃消化状况；你将跟队去农村进行科技下乡活动，帮助农民解决问题；会在基层兽医站学习并真正为鸡、马、牛、羊等治病；你会因治好了一只小猫的感冒而感到自豪。该专业对动手能力有很高的要求，同时对体力和耐力也有较高的要求。

毕业后干什么——一切与动物疾病防疫和治疗相关的工作。

就业前景非常广阔，可以成为以下几种。

（1）动物检疫员——负责动物检疫工作，起薪一般在2000元/月。

（2）各级兽医站技术主管——负责地区动物疫病检查和防疫工作，起薪一般在1500元/月。

（3）宠物医院主治医生——给宠物看病，起薪一般在2000元/月。

（4）种畜禽场兽医——负责全场动物疫病防治工作，起薪一般在2000元/月。

报考什么样的学校——不同学校学习的侧重点，决定你将从事工作的性质

可报考专门的畜牧兽医学院，如四川畜牧兽医学院，青海畜牧兽医学院等，也可报考一些农业专业院校的动物医学系，如南京农业大学、中国农业大学以及各省的农业大中院校等。录取分数线也因学校该系知名度的大小而有很大不同。

相关专业找一找

（1）有关联的其他专业：动物科学、水产养殖学、畜牧兽医等。

（2）名称不同但实质相同的专业：兽医、牧医。

提醒

（1）目前动物医学是一个热门专业，对该类人才的需求将随着农业的发展而变得愈加迫切。

（2）动物医学不仅仅是给动物打针喂药，更多的是要进行转基因药物的研究。

3．财务管理

所需知识的比例

一门什么样的学科——运用科学的方法，筹集和运用企业资金。

企业的理财活动可分为生产经营、筹资、投资和利润分配四个部分，财务管理就是将科学的决策方法运用于理财活动的方方面面，如以最低的成本筹集企业所需资金、选择最佳的投资方案使企业价值达到最大化、合理分担企业的投、融资风险等。财务管理是企业管理的核心，企业的任何决策都涉及财务决策，如开发新产品的资金投入，发行股票或债券中做出的最优组合选择等。另外，财务管理与会计学专业的不同之处是财务管理重在管理，而会计学重在实务操作。

授课的内容——运用所学的决策方法进行决策。

这个专业的主要学科是经济学和工商管理。需要你具备一定的会计和管理知识，进而学习一系列财务管理的方法。专业课程包括管理学、微观经济学、宏观经济学、管理信息系统、统计学、会计学、财务管理、市场营销、经济法、商业银行经营管理、投资学、跨国公司财务、项目评估等。可以结合案例，理解与运用相关方法，大量地分析案例是本学科教学方式的突出特点。

毕业后干什么——从事与会计或财务管理相关的工作。

基本上没有行业限制，凡是需要管理资金的单位都有相应的岗位。具体来说，除了在一些企事业单位担任会计、出纳以外，还可以在投资公司做投资理财方面的分析工作，或资金运作方面的工作。

（1）在证券公司做财务分析方面的工作。

（2）去会计师事务所，为客户提供财务管理、咨询方面的服务，起薪一般为 1500 元/月。

报考什么样的学校——要注意不同的学校侧重不同

设置财务管理专业的高校有50余所，主要是一些财经类院校和综合性大学，较知名的主要有中国人民大学、中央财经大学、上海财经大学、复旦大学、南开大学、中南财经政法大学、浙江大学、厦门大学、武汉大学等。

相关专业找一找

有关联的其他专业：会计学、工商管理、金融学。

提醒

具有现代理念的经营者把财务管理放在十分重要的位置，优秀的财务总监是企业渴求的人才。

4. 机械设计制造及其自动化

一门什么样的学科——研究更先进机械制造等相关技术以及管理的学科。

机械设计制造及其自动化专业涉及机械行业中的设计制造、科技开发、应用研究、运行管理和经营销售等诸多的方向，是社会需求很大的一个行业。具体研究的内容有开发低公害汽车发动机，提高机械性能的铝合金和形状记忆合金的新材料，研究提高汽车涡轮增压发动机性能，开发减振降噪的机械等课题。随着我国现代化建设在航天、造船、采矿等工业领域的发展，机械制造和自动化更加需要长足的发展，并且存在极大的发展空间。

授课的内容——实用、紧密联系生产实际的学习。

该专业包含的课程十分广泛，但是具体学校侧重不同，课程设置也略有差异，主要课程有机械制图、工程力学、机械设计基础、机械制造基础、流体力学与液压技术、工程热力学、电工与电子技术、计算机控制系统、机械工程材料、CAD/CAM 技术、精密加工、现代测试技术、机电一体化技术、自动控制基础、工业企业经营管理。此外，有扎实的自然科学基础也相当必要。高年级时有机会去大型制造企业实习，如去汽车制造厂参与汽车的制造等。

毕业后干什么——多数会成为一名机械设计工程师。

主要在各类大中专院校、研究部门，从事机电产品的设计、制造、控制与维护、计算机控制以及现代化企业的管理、教学、研究工作。

(1)设计制造工程师——薪资一般为 1000～5000 元/月。

(2)科研人员——薪资一般为 1000～3000 元/月。

(3)自动化工程师——薪资一般为 1200～6000 元/月。

报考什么样的学校——设置了这个专业的学校有 200 多所。

在专业培养上真正做到机械设计制造及其自动化融合为一个有机整体的学校比较少，主要是一些综合性的重点大学，如清华大学、华中科技大学、上海交通大学在这方面较为出色。多数工科学校有更具体或者细分的专业。如农业机械设计制造及其自动化专业等。

相关专业找一找

(1)有关联的其他专业：材料成型及控制工程，农业机械及自动化。

(2)名称不同但实质相同的专业：机械电子工程等。

提醒

(1)与自动化专业侧重不同，该专业是"机为本，电为辅"。

(2)机械设计制造及其自动化直接反映一个国家的现代化和工业化水平。

学生是确定专业的主要信息来源。上述教案注重的是高校录取的第一批次专业介绍，与学校生源情况偏差巨大。所以奉化区第二中学对学生感兴趣的专业的和学生升学的方向展开了重新调查，比如，专科方面确定了以浙江交通职业技术学院、金华职业技术学院、浙江工商职业技术学院、浙江旅游职业技术学院、浙江育英职业技术学院、浙江工业职业技术学院、丽水职业技术学院、浙江纺织服装职业技术学院、浙江长征职业技术学院、浙江广厦建设职业技术学院、杭州万向职业技术学院 11 所院校和电子信息、工商管理、经济贸易、文化教育、交通运输、机械制造、土木建筑、农林畜牧、轻纺食品、生化药品 10 大类专业为主要介绍对象，并且采取学生先凭借自我兴趣介绍相关专业，教师再补充的方法让学生全面了解其可能学习的专业。

(二)学生是评价内容的提供者

"生涯规划与面试指导"课程最后都会组织自主招生的模拟面试，相关试题都是由参与高职提前招生和本科"三位一体"课程的学生收集起来的。如 2018 年本科"三位一体"测试收集的试题如下。

表 6-1　2018 年奉化区第二中学学生"三位一体"面试试题

序号	学校	面试题目
1	浙江万里学院	有人认为网络公开课会取代传统教学，你怎么看？
2	浙江树人学院	1. 一位 36 岁的人，在网上称自己的青春全给了收费站，现被辞退无处去，你怎么看？ 2. 小孩玩手机游戏上瘾有什么症状。政府、个人、企业该怎么做？
3	嘉兴学院	你认为世界上什么东西最重要？并举一例你认为你做过的最善良的事情。
4	浙江越秀外国语学院	1. 描述你最喜欢的动物。它像什么？你为什么喜欢它？ 2. 你读过哪些文学作品，对你有什么影响？ 3. 陆游的《游山西村》描述了什么风光，你对建设美丽新农村有什么看法？ 4. 请大声朗读以下英文题目并用英语回答。如果有一天的时间你要去干吗？ 5. 你认为人与自然应该如何相处？你是怎样对待小动物和自然的？ 6. 说一下李白诗的特点。你还喜欢哪位诗人，为什么？ 7. 你最喜欢的电影，理由、观看时间、内容。 8. 你对传统文化的态度及它对你的影响。 9. 说说你对杭州的印象。 10. 你最喜欢的节日和理由；创业所需的因素。
5	丽水学院	1. 进入理想大学，学习不理想的专业和进入不理想的大学，学习理想的专业，你会怎么办？你的大学规划是什么？ 2. 完美好还是有缺陷好？
6	浙江中医药大学	谈谈无人驾驶汽车的利与弊。

序号	学校	面试题目
7	杭州师范大学	1. 请说明一件人生中最有意义的事以及这件事对你的意义。 2. 假如你的同学生病了，你该怎么做？ 3. 你选这个专业是你自愿的吗？
8	温州商学院	作为一名优秀管理者需要具备哪些素质？
9	大红鹰学院	1. 你看过《国家宝藏》《中国诗词大会》吗？你对这些节目有什么看法？ 2. 谈谈人工智能的利与弊。人工智能相比人有什么发展？人工智能会不会全面超过人？ 3. 设计一款多功能的帽子，展开对功能的想象。如果你的合伙人不同意你的方案，但是他又不太懂设计，你怎么说服他？ 4. 公司创业初期会有哪些困难？你会怎么解决？

结合前几届学生收集的面试试题，进行综合整理，形成 2019 年的模拟面试试题，并且根据学生的特点和需求提供一定的提示，题库如下。

一、自我认识人生态度

（一）对自己的看法

1. 请你自我介绍一下，你觉得你个性上最大的优点是什么？（实事求是，客观明了）

2. 说说你最大的缺点，最能概括你自己的三个词语是什么？

3. 你做的哪件事最令自己感到骄傲？

4. 在高中阶段你通过什么方式来提高自己？

解题思路：阐述自己的学习方法和态度，说些实在的内容，切莫夸夸其谈。

5. 简述一下你的学习经历。有没有当过班干部？

解题思路：实事求是，客观。可适当突出自身特点和优势，切莫盲目夸大。

6. 你喜欢什么体育运动？为什么？

解题思路：可如实回答自己喜欢的体育运动，简述原因。

7. 在你的人生中，是什么让你对未来更有信心？

（二）对成长的看法

1. 你欣赏哪种性格的人？喜欢哪个明星？

解题思路：根据自己的喜好如实回答，可以说一个也可以说多个，但是不能太多。

2. 学习中你难以和同学、老师相处，你该怎么办？怎样对待团队合作中所遇到的困难？

3. 你和别人发生过争执吗？你是怎样解决的？

4.《三国演义》《西游记》中你最欣赏谁？为什么？

解题思路：可以说其中任意一个自己熟悉的人物，简要描述自己欣赏他（她）的哪些地方，合理即可。

5. 宿舍有人乱翻你的私人物品，你和他（她）说过没有用，你怎么办？

6. 如果竞选班干部你落选了，你会怎么做？

解题思路：调整心态，正确理解，积极努力。

7. 如果以后发现很多人都比你优秀，你会怎么样？

解题思路：要以正确的态度面对，别人比你优秀就两个原因：不是别人努力进步了就是自己松懈退步了。所以要及时调整自己，努力追赶。

8. 假如你是中学校长，为实施素质教育你将会做哪几件事？

解题思路：实施素质教育可以有很多措施包括课程改革、给学生减负、开展各类素质教育活动、在教师群体中宣传……只要把自己能想到的合理表述出来即可。

9. 你喜欢和什么样的人交往？

解题思路：这个解题范围比较宽泛，根据自己的交往经历来说会更加真实贴切。

（三）对大学专业的看法

1. 为什么要把我们学校作为第一志愿？（表达对该学校的仰慕之情）

2. 当你发现你选择的专业不是想象中的那么好，你会怎么做？（根据自己实际想法表述自己能够适应即可）

3. 为什么选择本专业？谈谈你对自己所报专业的认识。

4. 谈谈你对互联网技术发展趋势的看法。

5. 今天，我们社会面临的最严峻的问题是……

6. 你认为在大学进一步深造是为了什么？主要有哪些表现？你对将

要来临的大学生活有什么样的计划？

解题思路：分条回答，这样显得条理明晰。规划和目标尽量实际可行，突出自己会向哪方面努力，不要满口"奖学金""学生会主席"之类空泛的目标，夸夸其谈。

7. 你认为英语对你所报专业是否有用？

解题思路：多一门语言，就是多一项能力。然后简述自己所报专业和英语有哪些联系，再概述掌握英语后对学习有哪些帮助。

8. 进入大学，你认为你哪方面的能力是需要培养的？

解题思路：为人处世的能力、语言表达能力、社会实践能力……可以根据自身需求来选择一两样进行表述，大学教育的目的就是在获取专业知识的同时提高综合能力。

9. 什么能够激励你在学习中有最佳的发挥？

解题思路：多种答案。可以是读一本励志书籍，一句鼓励的话语，或者是一个榜样的带动。只要符合常理即可。

10. 妈妈做过哪些事对你产生了很大的影响？

解题思路：难忘的事总能给人留下深刻的印象，讲述事情时要真实。

二、社会热点

1. 大多数校园都有很好的绿化，那么对于个别人乱踩踏绿化你有什么看法？（表明这个现象是不对的，予以谴责）

2. 目前一些人富裕了但是并没有感到幸福，谈谈你的看法。（物质文明不等于精神文明）

3. 你眼中的90后是什么样的？（本质上没有区别，由于年代背景有不同差异）

4. 对于抗日游行中人们的打砸行为你有什么看法？（强调抗议不是发泄）

5. 钱赚得越多，人的价值观越大，你认为这种说法对吗？为什么？

6. 当今青少年存在哪些问题？我们对社会的负责应体现在哪些方面？

7. 你参加过公益活动吗？谈谈你对志愿者的看法。

8. 你放假在家喜欢做些什么？

9. 你对中学生早恋问题有什么看法？

10. 你为什么要参加这次自主招生？

11. 请阐述你对"近朱者赤，近墨者黑"的理解。

12. 对路边的乞讨者你有什么看法？

13."有了拐杖就有了一个依靠，但是不能依靠拐杖快跑"你怎么看待这句话？

14. 谈谈雷锋精神的内涵，现在社会该不该提倡雷锋精神？

解题思路：充分肯定雷锋精神的价值，强调与时俱进的继承。

15."穷则独善其身，达则兼济天下"在今天是否还适用？

解题思路：多种答案，表达自己观点即可。例如，适合：因为这句话是古代君子的做人准则，在现代也是值得学习的。一个人即使在落魄时也该管好自己的言行，在富裕时更是能给予周围人乃至更多人帮助。这是种很高尚的行为。

不合适：因为在当今社会里，我们每个人都拥有很多权利和自由，这是以往任何一个时代的人都无法比拟的。我认为我们时刻都可以做好事或者帮助他人，不一定只有到我们自身物质富裕的时候！因为我们现在帮助他人的手段可以有很多，不一定只是在物质上！

16. 高考后，你打算怎样度过假期，你希望有什么样的社会经验或工作经历？

解题思路：适当表达对高考后生活的期待和憧憬，态度要积极。不会动摇继续做好事的决心。

17. 你如何看待"官二代"和"富二代"？

解题思路：冷静理性分析现象产生的原因，提出防范措施，语言不宜太偏激和片面。

18. 你对环保有什么看法？

解题思路：首先要肯定其积极意义。然后谈你对环保的看法并结合自身说自己怎么做。

19. 你对勤俭节约的看法。

解题思路：首先给予肯定，然后提出一个"度"，适度的勤俭节约是每个人都该提倡的，过度的勤俭节约也许会变成抠门甚至是"爱占小便宜"，这是不提倡的。最后概括说这个成语也该顺应时代，与时俱进。

20. 你对那些旷课上网的学生怎么看？

解题思路：首先明确表示这是不对的。然后分析这个现象出现的原因，是由于部分学生学习目的不明确造成的。

21. 你平时上网干什么？对网络有什么样的了解？

解题思路：可根据实际描述下平时你对网络的认识，能用术语最好，语言不宜太生活化。

22. 目前一些人富裕了但并没感到幸福，谈谈你的看法。

解题思路：物质文明不等于精神文明。

23. 你对"一沙一世界，一花一天堂"是怎么看的？

解题思路：核心——细节决定成败。

为参与"生涯规划与面试指导"课程的学生从面试试题库中选择一些试题，组合成十三组试题用于开展模拟面试，增加面试的真实性。2019年的试题如下。

第一组试题

1. 在你的人生中，是什么让你对未来更有信心？

2. 你欣赏哪种性格的人？喜欢哪个明星？

3. 学习中你难以和同学、老师相处，你该怎么办？怎样对待团队合作中所遇到的困难？

4.《三国演义》《西游记》中你最欣赏谁？为什么？

5. 谈谈你对互联网技术发展趋势的看法。

第二组试题

1. 今天，我们社会面临的最严峻的问题是……

2. 妈妈做的哪些事对你产生了很大的影响？

3. 目前一些人富裕了但是并没有感到幸福，谈谈你的看法。

4. 钱赚得越多，人的价值观越大？

5. 当今青少年存在哪些问题？我们对社会的负责应体现在哪些方面？

第三组试题

1. 你对中学生早恋问题的看法。

2. 请阐述你对"近朱者赤，近墨者黑"的理解。

3. 你对路边的乞讨者有什么看法？

4. "有了拐杖就有了一个依靠，但是不能依靠拐杖快跑"你怎么看待这句话？

5. 谈谈雷锋精神的内涵，现在社会该不该提倡雷锋精神？

第四组试题

1."穷则独善其身，达则兼济天下"在今天是否还适用？

2. 你如何看待"官二代"和"富二代"？

3. 你对环保有什么看法？

4. 你对勤俭节约的看法。

5. 你平时上网干什么？对网络有什么样的了解？

第五组试题

1. 目前一些人富裕了但并没感到幸福，谈谈你的看法。

2. 你对"一沙一世界，一花一天堂"是怎么看的？

3. 你最喜欢的建筑是什么？

4. 以"家和亲情"为主题拍摄一部公益片，你会怎么安排？

5. 微信中最好的功能是什么？

第六组试题

1. 谈谈如何保护方言和推广普通话。

2. 人工智能发展到一定阶段是否会危及人类安全，你知道的人工智能应用软件有哪些？

3. 你如何看待互联网的发展？谈谈利和弊。

4. 你是否赞成"严师出高徒""棍棒底下出孝子"的说法？

5. 杭州召开G20峰会，请你谈谈如何解决交通拥堵问题？

第七组试题

1. 有些家长为了提高孩子的成绩，争着抢夺学区房，你认为有必要买学区房吗？为什么？

2. 有的人觉得出国深造能够丰富人们知识，有的人觉得国内发展能传承中国文化。对此你有什么看法？

3. 现在手机用户越来越多，你如何看待低头族？

4. 班主任给了你一项艰难的任务，但不在你的能力范围内，你怎么看班主任的这个做法，你将怎么做？

5. 唐僧如何鼓励他的三个徒弟？如果《西游记》里的四个人需要裁员，你觉得应该去掉谁？为什么？

第八组试题

1. 谈谈什么是工匠精神，你认为市场营销岗位中市场营销该具备什么样的精神？

2. 看见路边老人摔倒该不该扶？

3. 谈谈"青山绿水等于金山银山"这句话的含义，并结合你居住地的环境情况进行说明。

4. 弘扬传统美德，你是否同意弘扬孝道？

5. 学校门口因为家长的接送车导致道路交通堵塞，对此你有什么建议和意见？

第九组试题

1. 人工智能是否会超越人的智能？

2. 简述我国垃圾浪费的原因和措施。

3. 外卖小哥战胜北大硕士夺冠：①谈谈诗词的三种积极影响；②你对"外卖小哥即使夺冠也仍然只是送外卖的"的这种说法有什么看法？

4. 计算机除了通信和购物，你还用来干什么？

5. 你了解阿尔法狗吗，谈谈你对它的看法，并举例说明人工智能有哪些作用。

第十组试题

1. 有人认为网络公开课会取代传统教学，你怎么看？

2. 一位36岁的人，在网上称自己的青春全给了收费站，现被辞退无处可去，你怎么看？

3. 王者荣耀等刺激性游戏，小孩上瘾有什么症状？政府，个人，企业该怎么做？

4. 你认为世界上什么东西最重要？并举一例你认为你做过的最善良的事情。

5. 陆游的《游山西村》描写了什么风光，你对建设美丽新农村有什么看法？

第十一组试题

1. 你认为人与自然应该如何相处？你是怎样对待动物和自然的？

2. 谈谈你对传统文化的态度及其影响。

3. 谈谈无人驾驶汽车的利与弊。

4. 谈谈你对颜值的定义和看法。

5. 如果你可以选择家长，你会选择一个怎样的家长？

第十二组试题

1. 谈谈你对低头族的看法。

2.20年后你认为最发达的产业是什么？

3.谈谈中美贸易战。

4.《战狼》和《厉害了我的国》的热播，表明经济、文化政治的发展，你对中国的日益强盛有什么看法？

5.说说"纸上得来终觉浅，绝知此事要躬行"的含义和意义。

第十三组试题

1.有人说："高中苦逼，大学闲暇。"请你谈谈对这句话的看法和你以后的发展方向。

2.请举三个著名的电子商务企业，你最了解的是哪个？为什么？

3.关于"诚信"，当前是否最需要加强诚信建设？说说危害、根源和解决措施。

4.谈谈你对秘书学专业的认识，你报考该专业的优势有哪些？

5.星星为什么一闪一闪的？

二、学生参与生本课程个性化 >>>>>>>

结合学生需求、学校实际，使适应学生发展的校本课程进一步个性化，使其具备学校特色，便于学生学习、乐于学生学习，从而促进学生的发展。

（一）形体个性化案例

查阅刮版画的历史，刮版画艺术是源自欧洲的一种古老艺术形式，真正意义上的刮版画发明可以追溯到1850年的英国和法国，当时主要用于创作商业插图。由于刮版画的低廉成本、使用方便及丰富细腻的表现形式，很快就取代了当时用于商业插图的铜蚀板画，且风行一时，直到1950年随着摄影插图的普及而逐渐退出插画领域。很多刮版画都是艺术家直接在刮版画板上创作及刮刻形成最终的作品，而形体稍微大些的刮版画难以在短时间内完成。因此，"刮版画"课程开发者就在微型刮版画上做文章，在大小12.5厘米的板或者纸上作画，力促其符合普通高中一堂课40分钟的时间限制。同时，为了提升"微型刮版画"课程的学校特色，该课程的开发者将其与学校的布龙运动结合起来作画。

"微型刮版画"校本课程在课程内容方面与"刮版画"校本课程保持一

致，主要包括欣赏、技法、创作和展示四个板块(见表6-2)。只是"微型刮版画"具备自我"微"的学生学习条件特色。

表6-2 "微型刮版画"课程内容

教学内容	课时安排
第一课"认识微型刮版画"	1课时
第二课"用点线面的形式的技法练习"	3课时
第三课"临摹一幅微型刮版画"	2课时
第四课"创作素材的收集"	1课时
第五课"微型刮版画的构图技巧"	1课时
第六课"室内外写生"	2课时
第七课"微型刮版画的创作意境"	4课时
第八课"微型刮版画的创作"	1课时
第九课"微型刮版画作品赏析"	1课时
第十课"学生作品展示及赏析"	2课时

(二)创意个性化案例

"创艺者——旧物改造"课程开发者联系学生旧物改造、变废为宝的兴趣，建构以下两种课程理念。第一，让知识与技能成为学生生活中积淀的常识。课程以美术学科五大核心素养之一——创意实践为基点来展开，重视高中学生在心理、智力等方面的发展潜力，针对其思维活跃的特点，通过各种方式收集信息，并进行分析、思考和探究，培养学生的创新意识；注重联系学生的生活经验，对物品进行符合实用功能与审美要求的创意构想，并通过作品予以呈现，与他人交流，不断加以改进和优化，帮助学生养成创新思维意识，让知识与技能成为生活中积淀的常识。第二，强调课程实施的实践性和开放性。本课程引领学生在发现创意、改造生活的实践活动中，感受把创意变成现实，体验学习的快乐；关注学生的情感、态度和行为表现，倡导开放互动的教学方式与合作探究的学习方式；使学生在民主的教学过程中，积极探索"旧物改造、变废为宝"的创意，开阔学生的思维，注重与学生生活经验的紧密联系，找回动手的乐趣，唤醒学生的创造思维，让学生体验"创意者"的快乐。

根据以上两种理念打造形成了如下课程内容。

第一单元"爱生活，爱创意"。该单元主要是让学生初步掌握创意设计的相关理论知识和一般技能，了解创意设计的方法和表现手段，打破常规思维模式，培养创造性思维；引导学生以"旧物改造、变废为宝"的眼光来看待各种垃圾，不盲目、随意地丢弃垃圾，要看到它的深层次价值，最大限度开发它的价值。

第二单元"体验创意"。指导学生对不同材料的旧物进行分类、创意和改造，体验手工、实践创意；通过对各种废旧材料进行改造和创作，让学生在解决问题的动态应用中，将美术知识与技能转化为美术核心素养，养成积极创造、美化生活的好习惯。

第三单元"欣赏创意"。欣赏国内外有创造性的旧物改造，开阔学生视野，提升学生的眼界；推荐一些实用的网站和论坛，供学生参考。

第七章

开发与创生：培育具有自身特色的课程

　　教师的课程能力是在解决课程问题的过程中形成的。教师在学校课程建设过程中处于重要的位置，他们不仅是学校课程的开发者，同时也是学校课程的创造者与实施者。处于学校课程开发实践主导地位的通常是教师团队，他们最重视学校特色课程设计。①

　　促进教师专业水平提升的基本途径及国家课程政策全面贯彻落实的最终环节就是提升教师课程能力。必须以持续性课堂教学和参与性实践为基础，才能不断地发现、处理好各种问题，双向构建教师的专业生命与课程能力的目标才能最终实现，特色课程探索也才具有最终实现的可能性和实现的意义。

---

　　① 盛丹丹：《学科核心素养视域下的高中思想政治教师执行力研究》，硕士学位论文，安徽师范大学，2018。

第一节

校本课程建设中的教师角色

一、教师的课程决策权 >>>>>>>

影响力是教师课程决策权的基础，教师的影响力是其基本表现，教师利用课程带给学生的影响和课程受到的教师的影响是教师课程决策权的两种主要内容。[①] 从微观层面来看，教师基于个人经验影响并决定课程资源选择及课程的设计、实施、评价等是教师课程决策权的基本表现；从宏观政策来看，教师有权参与课程管理、教材选择、课程开发、决策课程目标等。杨兰认为，教师的影响力实质上就是教师的课程决策权，在决定最终产生后教师所发挥出来的各种影响力实质上就是教师的课程决策权。教师是学校校本课程决策的主体，身为学校成员的教师有权参与决定学校的课程方案设计、校本教研、课程设计与实施、规划校本课程、选择教材、安排课时等各种课程事务。

教师作为学生学习经验获取的促进者与引导者以及校本课程、地方课程和国家课程的运作者、调适者和领悟者，主要利用个人内隐性因素来影响课程的方向，资源的确定、组织、实施和评价等。所以，教师必须成为课程改革关注的重心，教师的主导功能必须被认识，教师也必须在课程改革中发声。将课程决策权赋予教师实质上就是在肯定教师的课程改革参与地位，属于课程决策体系的全新尝试。

[①] 赵虹元：《基础教育教师课程权力研究》，博士学位论文，西南大学，2008。

(一)普通高中课程改革赋予教师课程决策权

目前，普通高中课程改革得到全球瞩目是客观事实，它已成为中国教育改革全面深化、促进并提升素质教育的一个主要着力点。试行三级课程管理体制首次出现在《中共中央国务院关于深化教育改革，全面推进素质教育的决定》文件中，课程决策权就此进入重新分配状态。学校应选择或开发与学校实际情况相符合的课程是《基础教育课程改革纲要(试行)》的一个基本内容。普通高中校本课程开发的必要性在《普通高中课程方案和语文等学科课程标准(2017年版)》中得到进一步明确。学校、教师基于校本课程设计而获得了更多的课程决策权，一种以教师为主体的新型课程决策机制逐步形成。①

基于落实目标、持续推进课程改革的需要，2012年《浙江省深化普通高中课程改革方案》正式发布，且在当年新学年开始就被正式采用。从学校课程自主权赋予的方式来看，浙江省的方案主要是通过课程内容、课程结构、课程目标、课程实施和课程评价这几个环节完成的，方案同时规定学校有必要基于自身的实际情况和办学特色制定课程。教师就此获得了更多的课程决策权，也因此而全面化身为课程决策的实施者与主导者。

(二)教师课程决策面临的现实困难

从调研实践来看，教育情境并不是一成不变的，而是时时处处都在改变的。但无论教育情境怎么改变，教师在面对自我、学生、环境等因素改变时均能基于自身能力、学识随时调整课程决策，提升课程决策适应能力。这也从另一个层面表明，教师课程决策问题并非一个简单问题，而是具有高度复杂性的问题。在普通高中课程改革持续推进的前提下，学校和教师正在获得越来越多的课程决策权，教学质量也越来越受到学校和教师课程决策质量的决定性影响。

余文钊指出，教师消极性的课程决策态度是教师课程决策需要面对并有效化解的又一现实问题。拒绝承担课程决策重任的原因是多方面的，如承担或参与决策需要回报和酬劳，自身能力大小、兴趣深浅等。课程

---

① 杨兰：《权力、协商与教师的课程决策》，载《教育发展研究》，2009(20)。

决策主导者通常都是有丰富教学经验的教师、管理类教师或校长，但在教学科目、个人性格因素、教学经验等因素的影响下，副科教师和新教师不会过多参加课程决策过程，尤其是对于一些仅负责课程组织与教学的教师来说，基本没有机会参与课程决策。[①]

传统思想通常采用课程决策简单的重复者和被动的实践者来完成教师的角色定位。从本质上来看，课程决策的实施者与领导者为同一角色，课程决策中有教师参与时会为课程融入新鲜元素，课程与教学质量也会得到提升。对于课程开发的主力军——教师来说，必须要具备专业的课程决策能力，才能有效化解课程发展与教师决策权的现状与需求之间的矛盾。

二、教师的课程领导力 >>>>>>>>

（一）教师课程领导的含义

将能手教师当成课程领导者，这是麦克弗森率先提出来的观点。基于既有学校领导的研究成果，麦克弗森等人正式提出教师课程领导这一主张。尽管部分教师主张校长才是课程领导，教师充其量仅是执行者或实践者，从而忽略了教师的课程领导行为，但麦克弗森等人指出的确存在教师课程领导行为。通常可以从以下几个层面来界定教师课程领导的概念。

1. 专业技术层面

在专业技术层面中，教师的课程开发能力是强调的重点。段兆兵、李定仁指出，教师课程领导是指教师可以在提出学校课程发展建议与意见的同时将学校课程决策落到实处。王利认为，教师的课程领导实质上是指在学校课程开发时教师引领并指导学校课程和教学事务行为，其所体现出来的是教师专业权威与专业智慧的外部表现。[②] 有学者认为，教师课程领导的功能及实施表现为以班级为平台，通过全学科、团队或个别方法由不同方向运作课程，拟订各单元及全年教学活动方案，以此完

[①] 施良方：《课程理论——课程的基础、原理与问题》，331 页，北京，教育科学出版社，1996。

[②] 王利：《学校课程领导研究》，硕士学位论文，西北师范大学，2007。

成课程充实与教学补救并定期开展课程评鉴。教师课程决策是和学生关系最为密切也是最基本的课程领导。

2. 组织结构层面

重视教师之间的互助与经验分享，团队发展是重点。陈美如认为，在教师群体中教师课程领导者引导教师一同前进，教师课程领导并非只是指导和教导的身份，教师间的经验交流与连接、教学互动、教学经验的分享、互相之间的关系都应该受到更多的重视，因为教学实践及教师之间的经验交流可以激发教师的教育热情，并让这种热情得到有效延续，强化相互之间的责任承担意识，可以让个人的勇气更足、力量更盛。

3. 学校整体改进层面

教师完成学校组织文化重组是学校整体改进层面强调的重点。有学者指出，教师课程领导肩负着以学校为目标的系统性变革与改善、课程或方案改善和师资改善的重任。黄显华、朱嘉颖指出，教师课程领导的含义广泛，比如教师应参与停止、重设、完善或保持课程决策；整体均衡协调学校各种课程，安排好各类课程的优先次序，提出完善方案；参加课程教学评估机制的完善，在教学实践及动态化课程实践中阐述对课程的个人解读，对学校课程意义进行共同构建，持续性的合作并不断完善组织文化，将教师赋权承责实现。[①]

因此，教师不但可以在教育教学实践的现场直接发现课程问题，利用辩证分析提出处理问题的方案，而且还可以形成学校本位的课程发展。教师以团体或个人教学反省、期望和兴趣为基础，基于课程发展组织投入的主动性完成课程决策参与，由此全面完成教师团体或个人课程思考，从本质上推动校本课程进步。所以，从校本课程的开发实践来看，教师属于课程领导。

（二）教师参与学校课程领导的重要意义

教师权力的充分发挥是教师参与学校课程的基本表现，教师参与学校课程领导有利于学校课程的改革深化，提高学校课程开发效率及教师专业水平，其意义通常表现在以下几个方面。

---

① 黄显华、朱嘉颖：《课程领导：挑战、行动、反思与专业成长》，4～5页，香港，香港中文大学出版社，2003。

1. 教师权利展示的根本需要

教师运用权利的过程是教师参与学校课程领导的本质。第一，这种权利及其派生的行为是法律赋予的，《中华人民共和国教育法》和《中华人民共和国教师法》都是这种权利的法律源头。第二，在学校课程开发实践中，教师实际话语权直接要求教师自身有权参与学校课程领导，教师在参与地方课程和国家课程的过程中尽管客观上一直具有被动性色彩，不过从具体课程的实践方面来看，教师具备了实际话语权是不争的事实。第三，教师权利是通过参与学校课程领导展示出来的，教师群体价值判断与主观意愿表达是教师参与学校课程领导的一种客观性也是必然性结果，而从价值判断与主观意愿表达的本质来看，其具有普遍性，是每个公民具备的基本权利。

2. 教师职业属性的内在要求

从课程实施方面来看，教师实质上具有学生代言人、课程实施者、信息传递人等身份，承担角色的多维性只有教师具备，其他任何相关者均不具备，即便同样是教育从业人员也如此。因此，教师参与学校课程领导是其职业属性的内在要求。第一，课程信息传递人。在三级课程体系中，教师的双向互动者身份比较突出。第二，课程实施者。在课程实施过程中，教师拥有无可争辩、不容置疑的绝对自主权，而且必须要基于课程具体实施情境才能真正实现学校课程领导，因此学校课程领导必须也必然要有教师参与其中。第三，学生代言人。学校课程领导主题众多，但和学生这个课程实施主体具有最密切关系的人就是教师，教师实质上就是学生理解课程的助力者、代言人。所以，从学校课程领导角度来看，教师也有必要承担起领导人的职责，向决策层准确传递学生的具体要求，以此确保学生的可持续、全面、健康地发展。

3. 有利于提高教师专业能力与专业水平

教师参与学校课程领导具有客观性需要成分，因为这种参与有利于教师专业水平的提升。究其原因，主要是由于教师在课程领导过程中必须具备相应的视野与理念，基于新事物发展标准适应需要，同样需要提升教师专业水准。第一，教师参与学校课程领导让教师主动参与决策替代了被动性参与。在核心素养培育这一时代前提下，教师必须要有更高站位，具备更高的主动发展理念，培养学校课程领导参与的主动性。第二，持续发展的学校课程开发需要不断提升教师业务水平和业务能力，否则无法有效满足课程领导的标准需求，难以应对课程开发过程中所带来的各种挑战。教师在学校课程领导实践中必须把个人想法清晰地表达出来，而要达到这个目标，个人理论水平就需要不断提升，只有如此才能满足需要。而且在参与学校课程领导时，教师可以完成个人理解力与思辨能力的训练，就此提高自身的专业能力。第三，有利于提升教师的分担意识与责任意识。参与学校课程领导的教师如果为决策者的话，则更有利于激发教师的分担意识与责任意识，提高其对学校课程开发的主动参与意识。

4. 基于课程实施的有效提升全面促进学校改革持续发展

教师的教学经验丰富，同时也了解学生的心理。因此，教师参与课程领导，能在实际参与过程中明确知道哪种课程方案可行，学生更喜欢或更易接受、认可哪种类型的方案，就此有效提升学校课程实施，也更有利于深化教学改革。从学校改革角度来看，目前各界正在从外部控制因素向内部控制因素逐步转变。从学校发展角度来说，一个共性观点就是教师发展有利于推动学校整体性发展，教师素养的提升体现的是学校实力。而且教师参与学校课程领导更加有利于在学校范围内形成合作关系，学校成员的互助合作有利于推动所有成员为学校改革和学校课程改革做出更多、更重要的贡献。与此同时，这种参与对于民主决策机制的形成同样有积极的影响，能进一步提升学校的办学活力，推动学校改革持续深入地进行。

三、教师的课程执行力 >>>>>>>>

(一)教师课程执行力的概念

执行是目标实现的前提，没有执行便不会实现任何目标。将预设目标有效执行并顺利完成所需要的能力就是所谓的执行力。执行力属于以自身能力为依靠的行动者基于目标导向而将目标实现的能力，而不是将目标按既定顺序按部就班实现的能力。在权利允许范围内，教师基于课程目标与课程标准而将外部教育资源充分利用起来，同时对主、客观支持条件进行有效调节，从而将课程付诸实施的意识与行动方面的能力就是教师课程执行力的概念。在课程改革实践中，教师必须要全面顾及非人为因素的影响，以学生特征及本地环境为依据及时调整课程方案，只有如此才能顺利实现改革目标，达到预定的改革效果。教师的课程执行力通常体现在以下两个方面："知"和"行"。基于认知能力与领悟能力对新课程改革的主导思维与理念进行理解，基于"行"而在实践中完成改革的具体贯彻落实，最终实现课程目标的能力。

（二）教师的课程执行力的构成要素

教师的课程执行过程属于经验习得过程，而不是技术性实践过程，教师参与课程的开发和运行，能为有效落实新课程改革提供全面保障。

1. 理解能力

教师的课程理解能力由四大部分组成。首先，理解课程设置的理念，教师必须对新课程理念有深入认识才能有效调整教学的行为方式，为新课程理念活力提供保障。其次，理解课程标准，作为执行者的教师对于新课程标准必须具备深刻的领悟力与理解力，利用课程标准对自己的课程方案进行规划。再次，理解课程目标，课程目标设计理念固然需要理解，但和课程目标设计宗旨相比，后者更重要，更需要教师有准确的理解与认识，同时要求教师可以基于专业能力素养完成课程目标意义与宗旨的拓展，将更深层次的课程目标发掘出来。最后，理解课程内容，利用教材是教师的基本能力，教师必须能够和教材对话、交流，就此发现课程文本以外的其他内容，全新诠释并重构课程内容。

2. 二次开发教材能力

教师整合、重构课程内容的能力是新课程关注与重视的一种主要能力，其意在于全面激励教师对教材进行二次开发，提升教材价值。和课程内容设计者不同，教师面对的是一个个真实存在的学生，属于非抽象化的具体的教学对象，教师必须具有教材"活化"能力，更要具有"活化权"。教材是编写者一次开发完成的，教师是教材的具体执行者和实施者，基于教学效果的实现，教师有必要以把握课程标准主旨为前提，以学生的特点、区域差异问题和所在地区的特点为参考依据，适度调整或增删教材内容，将符号化的固定知识同步激活，就此完成课程内容的活力展示。教师还需以全面分析、内化教材内容为基础对接学生生活，以此搜索激励学生兴趣点的策略，从而在教学内容中融入教育的育人功能。

3. 教学设计能力

教学设计在新课程改革时代更注重"学"的设计，"教"的设计有所弱化。教学设计属于一种特殊的动态方案，可以将教学情境充分体现出来。在教学设计实践中，教师必须要细节化、具体化概念性知识，注重对学生的情感态度和价值观进行启发式教育，将学生的参与性与主体性充分体现出来，持续关注学生所获得的学习方法。教师在设计教学方案时应将学生知识缺少系统性、全面性这一现实特点考虑在内，才能充分顾及充满不确定性的、适合学生的、动态的课堂教学情境，完成教学方案的设计，同时教师还需预设数套应急方案备用，以免课堂失控。

4. 实施能力

教师课程执行力可以通过教师的课程实施能力体现出来，实施课堂教学能力是课程实施能力的基本表现。首先，课堂管理与组织能力，教师必须具备主动调配、整合课堂内各种因素的能力，确保课堂教学不会失控，保障课堂教学高效、有序地开展，创设各种各样有利条件及激发学生的创造性与自主性。其次，充分利用多媒体力量，将课程内容多样化呈现给学生，促进教学效果与效率的提升。最后，基于教学艺术水平完成学生学习主动性的激发，推动师生的互动交流。

5. 评价能力

教师直接与课程对话的过程或课程执行的最后环节为课程评价。首先，评价课程设计的能力，也就是教师以课程建构者角色对自身确立的组织形式、教学方法、课程目标、课程内容等加以审视，看其与所有学生的吻合程度，观察其能否最优化课堂教学效果。其次，评价课程实施，是指教师可以运用发展眼光对课程设计展开评价检验，迅速有效地提出处置课堂特殊情况的措施。最后，评价课程效果，也就是评价课程实施结果有没有满足课程标准，对学生情感态度及其学习的兴趣与动机在课程实施后的变化程度展开评价。

第二节

教师课程领导力的提升途径

一般而言，教师作为学校情境中的课程领导者，其功效主要体现在国家课程、地方课程和学校课程的框架里，开发利用各方资源，具体实施课程，努力提升学生发展及课程品质。教师领导者的改革能量极为巨大，但未全面体现并应用于教学实践中。使所有教师变成领导者，这是教师领导理论的核心内容，与分布式领导理论的主旨相吻合。

一、教师课程决策能力的提升

（一）向教师赋权

教师一旦获授与其角色、身份及教学需要相匹配的课程决策权，便会适时提出处理课程实际问题的诸多意见与建议。丁念金指出，赋权给教师是确保课程决策正常、合理开展的前提条件，能使教师有效确定课程教材、目标、内容、教学方法及最终的学习评价策略等。[①] 对学科组织结构和方案了解认识准确，教学方法行之有效，学科知识应用得当，定期完成教学反思等是教师权利获取的前提。陈蓉晖指出，必须为教师的课程决策提供多途径支持。第一，教学用具、课程设施、文本资源等物质的帮助有利于教师课程决策的合理性。第二，人力支持，教师尽量和学生家长、高校专家、学校领导团队、校长等展开更多的交流、沟通

[①] 丁念金：《论教师参与课程决策的保障体系》，载《河北师范大学学报（教育科学版）》，2005(5)。

及互动，完成联合互动圈的设置。第三，环境营造支持。基于校内外交流与学习时机、场合与各类学者专家展开互动，共同研究、思考，从而促进各方综合素质的提升。① 有学者认为，学校有必要从下列各方面支持教师。第一，需求调查，基于需求调查结果确定教师在教学设施、材料方面的需求。第二，提供空间，把停车位、休息室等辅助空间提供给教师。第三，满足最大化，如满足教科书的订阅、午餐的提供等需求。第四，电子化服务，如教室、多媒体设备等的操作培训。第五，教务处关怀，如提供下午茶、热情关怀、问候等。第六，举办期末研讨会，以便行政管理者与教师之间展开双向交流，总结得失，谋篇布局。

课程决策权赋予教师的最突出效果主要表现在以下几个方面：使教师可以清醒地意识到在课程决策中个人的职责与权限，将课程开发实践中的个人功能主动体现出来，提升课程决策主观能动性，主动提高个人课程决策水平，提高作为一名课程决策人的个人素养与综合素质。

（二）教师自我提升

教师课程决策能力的基本表现有以下几个方面。第一，学生需求与知识的剖析能力。第二，职业选择与判断能力：选择与学科联系、可获取的资源。第三，学科知识能力：确定学科概念结构，持续更新学科知识等。第四，现实操作能力：实践技能，例如组织、开发、评价等。第五，人际协作与交流能力。

以下则为教师必须要努力完成的工作。

（1）善用资源互动。只有转变传统教师培训模式，关注培训者与教师两者之间的交流、沟通、互动，教师无力完成课程决策的情况才能得到真正改变。教师必须善于学习、善于借鉴，善用同行所长，以同行交流、互动为载体实现与同行共成长的目标。教师同样有必要充分、高效利用社区资源，基于灵活性更强的人力资源与自然资源充实教学内容，改进教学。教师要牢牢抓住每一次教学能力提升的培训与研修时机，一旦放弃将会不利于教师专业能力的提升，教师对继续教育的作用、终身学习的功能必须有清醒的认识与理解，这样才能获得更多更有效的成长条件与成长机会。

---

① 陈蓉晖：《幼儿园教师课程决策的个案研究》，博士学位论文，东北师范大学，2009。

（2）强化个人反思。教师有必要以情境状态为主要参考依据来进行深刻反思，也就是所谓的"批判性反思"。反思可以让教师审视并对自身的教学实践形成相应的决策，为教师基于本身经历而开展持续性的学习思考提供协助，促进他们对学校环境、社会环节有深入而准确的了解认识，实现实践与理论相结合目标。教师可以通过分析记载案例、撰写反思日志、参与决策研究团队与问题处理小组等途径来优化课程决策。

反思是教师课程决策能力的前提，教师必须完成完善自我反思机制的构建，方能持续对课程决策的成败和得失展开全面反思与评价。首先，教师要养成有效反思习惯，可以通过教学档案、反思日记等为个人行为诊断提供协助，更正错误决策。其次，对学生决策权给予更多的关注与尊重，尽量避免即时性课程决策，以便能够形成公正而客观的决策。再次，设置教学档案，着力进行反思习惯的培养与构建。最后，以教学研究为基础对课程决策问题进行持续、深入的分析思考，以教学实践为基础进行决策创新，积累决策经验。

教师兼具课程决策者与执行者双重身份，无论是学校还是课堂，所有过程、环节都源于教师课程决策。这种身份有利于教师课程决策主导者身份的最终确立，有利于课程改革持续深入地进行。

二、教师课程能力的提升 >>>>>>>

教师基于本身的心理素质与生理素质逐步产生、发展并且能在课程活动中加以具体应用的，能够对课程实施产生直接影响，对课程实施成效具有决定性的一种能动性力量称为教师课程能力，个性特色相对突出是教师课程能力的基本特征。教师的课程能力主要来自课堂教学实践中教师的实践、思考及体验等。所以，教师个体的鲜明特征成为一种客观事实，无可避免。教师课程能力的产生过程属于个人价值、观念、知识、情感、应用与普通理论逐步相融的过程，且这种能力所处的课程环境具有动态发展特色，能在教育需求转变、环境变迁、时间变化过程中不断发展、成长，发展过程具有动态性，教育环境与教师课程能力二者之间因此具备了协调一致性，教师可以获得持续性竞争优势。

（一）明确课程意识

明确教师课程意识是教师课程能力发展的前提，是课程设计、实施与评价的前提、原动力及基本保障。教师合理明确的课程意识源于自觉而非自发。以下几点是教师形成合理鲜明课程意识的基础。

1. 深化课程理论学习

只有深化教师课程理论知识，且在教师发展中逐步引进课程理论，才能真正培养教师合理、明确的课程意识。专业支持同样可以有效支撑教师课程理论学习。课程专业支持即此处的专业支持，也就是研究部门课程研究专家抑或高校课程研究专家组建专业化人才支撑队伍，在实践分析、理论剖析中小学教师课程实践基础上确保教师对课程实施与课程理念二者之间的一贯性有全面认识与深刻领会，以便教师对课程意识能动性的发挥有清晰的认识与把握，最终让教师更加热情地投身到课程实践中。

2. 课程实践积极

课程实践活动具有双重性，既是认知活动，又是反思活动。课程实践反思时，让教师可以持续明确隐含于课程实践中的课程意识，批判性地开展教学活动，这是深化课程改革的基本特色。将内容、教学活动实施策略以及目标对学生发展成长所具有的促进功能、教学目标合理性考虑在内，处理课程问题实践时，教师以自身的想象、思考、判断与评价为前提，基于有关措施开展实际行动，这表明教师的课程活动实质上属于一种新型的实践活动，教师因而也就变成了课程实践主体。正因如此，教师会对课程行为的深层含义展开主动分析探索，同时基于有关策略改变现实状况，重新认识课程系统，形成新的观点、看法从而诱发潜在的课程意识。

3. 教育叙事开展普遍

教师课程意识的一个基本表达方式即教育叙事。教师课程实践的个性特征鲜明，就算学生、情境没有改变，而且材料也没有任何区别，教师不同，实践行为同样也会存在一定的差异，其课程实践风格也会因此而产生。教师课程经验是教师实践智慧的源头，可以利用具体课程活动情境，实现表面经验的提升，最终内化为教师实践能力。

（二）重塑教师合作文化

教师团队联合方案即教师合作文化，也就是团队每一名成员互相交流、一起发展、共同进步，从而将团队精神清晰体现出来的文化。教师合作文化是以教师间相互支持、相互信赖和民主开放形式而产生的某种关系表达，表现出来的是教师团队成员之间同舟共济、齐心协力。在忽略教师间的不协调和课程观念的细微区别的同时，形成分享与包容的格局。重塑教师合作文化可以引导、激励教师团队成员强化交流、沟通，分享教师团队成员之间的课程活动技能，完成团队合作意识、理念与情感的培育。当前教师课程实践活动复杂性加剧，就此进一步复杂化了课程问题，所以和以往任何时候相比，目前教师团队成员间的合作、沟通与交流更显紧迫。

1. 加强和资深教师的合作力度

提高教师课程能力实质上是逐步积累知识和逐步提高技能的过程。目前正处于适应过程中的新教师亟需汲取他人之长补己之短，强化和资深教师的合作交流，和团队共同研究、分析和讨论课程实践中遇到的各种现实难题，提高自己的技能水平，增加知识积累，巩固并强化教师合作水平，提升团队成员一同形成决策的水平与能力。需要注意的是不管采用何种交流合作手段，教师的主观能动性都应该被全面充分地激励并调动起来，这也是教师基于交流互动过程汲取他人先进经验和现代进步思想，弥补个人缺陷的基本形式与有效手段，从而实现个人思维体系的改组与创新，促进个人课程能力的提升。

2. 加大和课程专家的合作力度

失去现代理念引导，缺少纵向专业指导，只凭同事之间进行的横向帮助和支援，低水平重复甚至开倒车会是一种必然结果。所以，基于高校、教育科研机构专家的指导，重视校外专家学者理论与技术力量的支持和引领，可以及时跟进并调整教师团队成员之间的合作学习，逐步实现自我提升，全面推动教师专业成长。加大和课程设计专家交流与合作力度，提升合作层次与合作水平，可以让教师的课程能力最大化。为此，学校、教师可以将校外课程设计专家请进学校、请进课堂，引导这些专家走进教育现场，与学生面对面、与教师面对面，在他们亲身参加课程实践过程中融入教育过程，切身体验教育实践方面所面临的各种现实问题。基于此类合作、交流、互动过程，听取校长、教师、学生和家长的意见，实现平等沟通。教师将个人想法、观点和思想直白地陈述出来，来和课程设计专家共同分析、探讨，听取他们的指导意见，获得应对问题和处理问题的有效策略，有效实现教师的自我提升。

第三节

特色课程培育的案例

《国家中长期教育改革和发展规划纲要（2010—2020 年）》（以下简称《纲要》）指出，普通高中阶段教育肩负着在九年义务教育基础上进一步提高国民素质、满足国家经济社会发展对多样化人才培养需求、培养合格公民的重要使命，作为国民教育体系中承上启下的关键阶段，普通高中教育不但会带动基础教育质量的提升，还决定着高等教育生源质量，影响着高等教育的发展后劲。为此，《纲要》明确提出推进培养模式多样化，满足不同潜质学生的发展需要，鼓励高中办出特色，支持普通高中建立特色化课程体系。由此可见，高中特色课程的提出是为了解决长期以来我国普通高中培养目标和课程建设的同质化倾向，进一步满足社会发展、学生自身发展对普通高中课程提出的新要求。

普通高中特色课程一般是普通高中在先进教育思想的指导下，根据学校的办学理念，以学生的发展与需求为核心，以地域、社区与学校资源为依托，经过比较长期的课程实践，逐步形成和发展起来的具有独特性、优质性、选择性、稳定性和整体性及出色育人成效的课程、课程实施或课程方案。普通高中特色课程可以是一门课程，也可以是一个课程群或课程领域。某一学科或者某一教师经过长期课程实践被广大学生所认可的特色课程可以形成一门相应的高中特色课程，本节特色课程概念是指后者。

一、学科拓展特色课程

教师实施学科课程的创造性或特色化，利用自己的学科特长，或者在学科教学实践中逐步创建的具有一定特征和影响力的课程，这类课程往往是对国家课程的特色化实施。经过特色化实施之后的既定课程，也就成为特色课程的一种类型。

(一)"PBL生物学实验"课程

运用PBL教学模式重构普通高中生物学教学，打造"PBL生物学实验"教学模式(见图7-1)，拓展生物学实验教学模式，使其形成系列化特色选修课程"PBL生物学实验"。

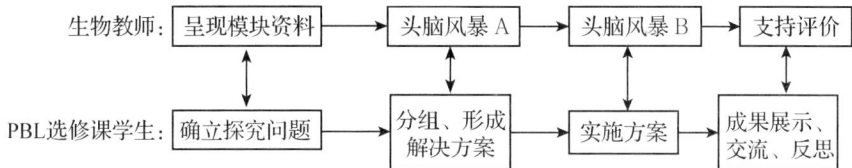

生物教师：呈现模块资料 → 头脑风暴A → 头脑风暴B → 支持评价

PBL选修课学生：确立探究问题 → 分组、形成解决方案 → 实施方案 → 成果展示、交流、反思

图7-1 "PBL生物学实验"教学模式图

本课程要求达到的教学目标如下。

(1)通过"PBL生物学实验"教学，促进学生发散思维的发展，掌握解决问题方法，充分体现学生学习的主体性。在"PBL生物学实验"教学过程中，由学生自己提出问题、分析问题并解决问题，教师提供学习资源，指导、帮助学生进行操作、创新实验。学生被给予越来越多的责任，且逐渐地脱离教师，独立性越来越强。

(2)通过"PBL生物学实验"教学，不仅能解决原来的问题，还能以产生更多、更新、层级更深的问题为实验教学目标。学生自由思考、自主设计实验内容，改验证性实验为探究性实验、研究性实验，能提高学生实验设计的能力和分析、解决问题的能力。同时，激发学生学习实验的兴趣，提升学生发现问题的意识，提高学生科学探究的能力。

(3)"PBL生物学实验"教学中抛出的问题是与现实生活相关的，教学设计过程中留出足够的时间让学生自己界定问题、分析问题、解决问题，在不断解决问题的反复过程中收集到更多的新的信息，有效提高学生解决问题的能力，促进学生批判性思维能力的发展。

(4)通过自行策划实验预算，学生能认识到实验的经济问题，想到使用自制器材、方便材料，贯彻实验设计的简约原则。

（二）"Photoshop 创意设计"课程

采用"案例驱动，教学做一体化"的模式，根据 Photoshop 创意设计的典型案例，将学生的专业知识、素质目标融合在教学案例中，提高学生实践动手能力和综合运用 Photoshop 知识的能力。创建"Photoshop 创意设计"选修课程，课程目标如下。

1. 知识与技能

（1）熟练使用 Photoshop 的操作界面和功能。

（2）熟练掌握 Photoshop 的使用技巧。

（3）理解 Photoshop 中选择区域、通道、路径、图层、图层样式和图层蒙版的相关概念并能正确使用。

（4）使用 Photoshop 进行创意设计。

2. 过程与方法

（1）采取课堂讲授法进行广告艺术创意的理论基础学习。

（2）采取任务驱动法和课堂讲授法，结合自主探究法，将创意主题和创意案例贯串在创意教学中。在教师的引导下，学生通过图片素材完成创意作品的制作。在师生互评过程中相互借鉴、进步，学会创意设计的流程和方法。

3. 情感态度与价值观

（1）培养学生的创意意识和创新精神。

（2）提高学生艺术修养。

（3）培养学生团队协作能力，自主探究学习能力，提高学生学习的主动性。

（三）"命运之歌——古希腊悲喜剧赏读"课程

以古希腊戏剧为依托，拓展语文学科教学，通过看戏剧、听戏剧、评戏剧等多种教学手段，使学生了解古希腊的悲剧和喜剧，开阔学生的眼界，提高学生对文化差异的敏感性，给学生以美的享受。构建"命运之歌——古希腊悲喜剧赏读"选修课程，其课程目标如下。

1. 语言建构与运用

语言建构与运用是语文核心素养的重要组成部分，也是语文素养整体结构的基础层面。学生语文运用能力的形成、思维品质与审美品质的发展、文化的传承与理解，都是以语言的建构与运用为基础，并在学生个体言语经验的建构过程中得以实现的。

通过对古希腊悲喜剧戏剧语言的学习，让学生积累较为丰富的语言材料和言语活动经验，培养良好的语感；通过对戏剧语言的梳理和整合，将学生获得的言语活动经验逐渐转化为富有个性的具体的语文学习方法，并能在语言实践中自觉地运用。

2. 思维发展与提升

语言的发展与思维的发展相互依存，相辅相成。因此，思维发展与提升也是学生语文核心素养的重要组成部分，是学生语文素养形成和发展的重要表征之一。

通过对古希腊悲喜剧的赏析、研究，让学生获得对戏剧语言和戏剧中文学形象的直觉体验；能在戏剧阅读与鉴赏、表达与交流、梳理与探究活动中运用联想和想象丰富自己对现实生活和文学形象的感受与理解，丰富自己的经验与语言表达；能自觉分析和反思自己的言语活动经验，提高语言运用的能力和思维的深刻性、灵活性、敏捷性、批判性和独创性。

3. 审美鉴赏与创造

语文活动是人形成审美体验、发展审美能力的重要途径。在"命运之歌——古希腊悲喜剧赏读"的课程学习中，学生通过了解世界上三大古老的戏剧之一——古希腊悲剧和喜剧，阅读鉴赏优秀的戏剧作品、品味语言艺术而体验丰富情感、激发审美想象、感受思想魅力、领悟人生哲理，形成自觉的审美意识和审美能力，养成高雅的审美情趣和高尚的品位。

4. 文化传承与理解

文化传承与理解是指学生在语文学习中，能继承中华优秀传统文化，理解、借鉴不同民族和地区文化的能力，以及在语文学习过程中表现出来的文化视野、文化自觉的意识和文化自信的态度。

(四)"世界文化遗产的未解之谜"课程

为使学生能够了解具有代表性的世界文化遗产的主要内容、文化价值及其未解之谜，从而在文明史的架构里积极探索、求知，推动人类社会的可持续发展；能够用艺术的美的眼光来审视和感受这些文化遗产，并且能根据这些遗产对不同文明的影响做出初步的分析和总结；能够在比较开阔的视野里，分析和比较中国文化遗产在世界文化宝库中的地位；能够增强爱国主义观念和民族自豪感，确立多元文化价值观，深刻认识世界文化遗产是全世界及全人类的宝贵精神财富，懂得在人类生存的环境里文化与自然有着密不可分的关系，从而树立基于文化和自然两方面的环境保护意识。构建"世界文化遗产的未解之谜"选修课程，其课程目标如下。

(1)通过学习，知道具有代表性的世界文化遗产的主要内容，并能够收集有关资料，深刻认识这一全世界及全人类的宝贵的精神财富。人类社会创造的文明传承至今成为不朽遗产的，是经数千年历史长河冲刷而积淀的文化精髓。因此，选择"世界文化遗产未解之谜"学习内容时既要能集中代表某个历史发展阶段的社会面貌，又要能突出反映这个历史阶段的文化特征，但这些都是用现代科技不能准确解释或根本无法解释的文化遗产内容。

(2)知道我国是一个历史悠久、文化遗产丰富的国家，进一步增强爱国主义观念。我国的历史文化遗产极为丰富，自 1985 年加入《保护世界文化和自然遗产公约》至 2019 年 7 月，我国共有 55 个项目被联合国教科文组织列入《世界遗产名录》，其中文化遗产 37 项，自然遗产 14 项，文化自然混合遗产 4 项。源远流长的历史使中国继承了一份十分宝贵的世界文化遗产和自然遗产，它们是人类的共同瑰宝。这些足以让我们自豪。

我国实际上存在的文化遗产难以计数，内容极为丰富，它们具有难以估量的文化价值，虽然不可能全都列入《世界遗产名录》，但并不意味这些历史文化遗产就不重要。它们是所在地区文化环境中不可替代的精神财富，也是影响所在地区社会发展的重要文化资源，其内容更是充满着丰富的爱国主义思想。深刻认识我国历史文化遗产的价值，是激发和增强爱国主义观念的重要基础，这是本课程所要达到的学习目标。

(3)懂得在人类生存的环境里，文化与自然有着密不可分的关系，从而树立基于文化和自然两方面的环境保护意识。通过"世界文化遗产未解之谜"的学习，认识历史给我们留下的文化遗产的巨大价值，在情感态度和价值观方面树立基于文化和自然两方面的环境保护意识，并承担起这样一种责任：使长期被忽视并面临消失危险的珍贵文化遗产能够得到有效保护和世代相传。

(4)应积极投身于世界文化遗产未解之谜的探索中，培养学生开拓进取的精神，为人类的可持续发展做出贡献。世界文化遗产，是人类在漫长的历史进程中创造的，并留存至今的文明成果。然而，在世界遗产中还有很多未解之谜，这要求我们勇于投身到探索的实践中去，揭开其中的未解之谜，推动人类可持续发展事业的发展。

二、文化传承特色课程 >>>>>>>>

文化传承特色课程是教师基于校情创造性开发的课程，是有学校文化特色的课程，它支撑了学校特色和文化传统，满足学校办学理念和文化有效融合于课程的内在要求。这类课程本质上属于教师自主开发的新增校本课程，其共同特点是由教师自主、独立(或与校外机构合作)开发，旨在满足学生学习需要的课程。这类课程有较大的创新余地，且有很多形式，具有校本课程的性质。这类课程在开发开设过程中，当逐渐稳定下来成为学校长期不断完善、持续开设且师资稳定，并受学生欢迎的优质课程时，便成了学校的特色课程。

(一)"尤克里里弹唱"课程

传承"学校十佳歌手比赛""一二·九文艺汇演"等形成的良好艺术文化氛围，学校大力开发艺术类选修课程。如"尤克里里弹唱"课程的目标如下。

1. 知识与技能目标

(1)通过学习使学生能进行尤克里里弹唱，从熟练程度、演奏技巧和情感处理等方面，加入自己的想法弹唱。

(2)了解相关的音乐弹唱方式和尤克里里等其他吉他类乐器的基本特点，能用弹唱表达自己的情感。

2. 过程与方法目标

(1)以课堂反馈等形式大胆地展示和交流，激励学生勇于表现的同时又勤于练习。

(2)通过自主学习、合作学习的方式，不断实践，努力完成优秀的弹唱作品。

3. 情感态度价值观目标

(1)挖掘自己内心的音乐弹唱兴趣，积极参与文艺汇演活动，结合生活体验，用尤克里里弹唱表达自己的感受与理解。

(2)提高学生欣赏与感悟音乐的能力，加强学生尤克里里弹唱能力及音乐实践能力，最终实现举一反三，甚至自己创编音乐作品的尤克里里弹唱版本。

(二)"户外损伤的预防与红十字急救培训"课程

继承学校二十来年"萤火虫"志愿者服务的优良传统，结合时代特征，发扬志愿者时代新特征，促使志愿者活动更加专业化，开发开设相关技能培训类选修课程。如"户外损伤的预防与红十字急救培训"课程的培养目标如下。

第一，了解户外出行前计划的重要性，明白户外出行所遵守的 LNT 法则。

第二，简单了解户外出行装备的功能和运用方法。

第三，了解各种绳结的作用，掌握基本的打结技术。

第四，学会盘绳、保护点设置技术，了解下降装备的功能，掌握下降技术。

第五，掌握应急救护概念，"第一反应人""救命黄金时间""生命链"等含义和重要性；熟悉紧急呼救，了解 EMSS 的含义。

第六，明确心肺复苏的重要意义；掌握心肺复苏的操作流程，熟悉掌握胸外心脏按压技能和人工呼吸；熟悉心肺复苏有效的指征和终止的条件；掌握气道异物堵塞现场急救方法。

第七，把握现场应急救护的目的、原则和救护程序；熟悉现场创伤救护器材的应用；掌握出血的类型、失血量的评估；掌握止血、包扎、骨折固定的原则、方法，简单了解搬运的原则、方法。

第八，把握灾害事故现场特点；熟悉伤情分类；熟悉休克、晕厥的症状、救护措施；了解急性冠脉综合征的定义及现场应急救护原则；掌握心脑血管意外、糖尿病昏迷等常见急症的救护措施；掌握地震、火灾、中毒、触电、溺水、中暑、烧烫伤等意外伤害发生的应急救护原则、方法。

第九，了解红十字会，树立公益意识。通过救护基本知识和技能操作的考查，选修本课程并得到学分的同学在年满 18 周岁时，能够获得"浙江省红十字救护员"证书。

(三)"海洋资源开发与利用"课程

学校地处象山港畔，具有丰富的海洋资源和浓郁的海洋文化气息，为使学生更深刻地认识海洋，继承海洋文化。学校组织教师开发系列化的海洋文化课程群，其中"海洋资源开发与利用"是最有代表的一门课程，其课程目标如下。

学生通过这门课程的学习，将在以下各方面得到发展：获得海洋生物的基本知识，学会海洋生物标本的采集和固定方法，锻炼学生劳动观念及动手能力；了解海洋生物的养殖与加工，知道一般的养殖技术；以中国第一渔村为依托，旨在培养学生关注海洋生物及保护环境的公民意识，提高学生科学实践探索的能力，激发学生热爱家乡；培养学生发现问题、解决问题等自主学习的能力，锻炼和培养学生团队合作的精神；初步学会科学探究的一般方法，具有较强的生物学实验的基本操作技能、搜集和处理信息的能力，以及交流与合作的能力；初步了解与其相关的应用领域，为继续学习和走向社会做好必要的准备。

课程的具体目标如下。

1. 知识

(1)获得海洋学的基本知识、原理，知道海洋资源的主要内容及家乡的海洋资源。

(2)了解海洋学知识对附近渔民的生活、生产、科学技术和环境保护等方面的应用。

2. 情感态度与价值观

(1)关心我国海洋生物资源状况，对我国海洋业发展有一定的认识，更加热爱家乡。

(2)培养学生发现问题、解决问题等自主学习的能力，锻炼和培养学生团队合作的精神。

(3)热爱自然、珍爱生命，理解人与自然和谐发展的意义，树立可持续发展的观念。

3. 能力

（1）学会海洋生物标本的采集和固定方法，掌握实验的操作等技能。

（2）能够利用网络信息搜集相关信息，学会鉴别、选择、运用和分享信息。

（3）通过观察或从生活中提出相关的、可以探究的问题。

（四）"文化乐旅——古都繁华几春秋"课程

为强化对古都历史与文化的了解与注重学生成长的特点相结合，重视高中学生在心理、智力等方面的发展潜力，针对其思想活动的多变性和可塑性等特点，在尊重学生个性差异的同时，恰当地采取释疑解惑、循循善诱的方式，帮助他们提高人文素养，认同正确的价值标准，自觉探究古都的历史文化价值。

在该类课程的实施过程中强调课程实施的实践性和开放性。学生在认识社会、适应社会、融入社会的实践活动中，感受古都历史文化的价值和理性思考的意义。该课程关注学生的情感、态度和行为表现，倡导开放互动的教学方式与合作探究的学习方式，使学生在充满民主的教学过程中，积极探索古都历史文化的价值。

学校开发开设"文化乐旅——古都繁华几春秋"选修课程，其课程目标如下。

能够了解具有代表性的古都的主要城市特点以及历史文化，从而在历史文明中积极探索、求知，推动人类社会的可持续发展；能够用艺术的美的眼光来审视和感受这些古都历史文化，增强爱国主义观念和民族自豪感，确立多元文化价值观，深刻认识中华民族的宝贵精神财富，为我国辉煌的历史文化成就自豪，进一步增强爱国主义观念；懂得在语文的世界里，文字与文化有着密不可分的关系，从而树立基于文字和文化两方面的审美意识。

"普通高中语文课程标准"规定的课程目标，仍是从知识与能力、过程与方法、情感态度与价值观的三个维度进行的总的阐述。因此，对照这一标准，对"文化乐旅——古都繁华几春秋"选修课程提出的学习目标具体表现为以下几方面。

（1）通过学习，知道具有代表性的中国古都历史文化遗产的主要内容，并收集有关资料，知道我国是一个历史悠久、文化遗产丰富的国家，深刻认识中华民族的宝贵精神财富，为我国辉煌的历史文化成就自豪，并进一步增强爱国主义观念。中国的古都文化是属于中国的，同时也是属于世界的，它们是人类的共同瑰宝。它们具有难以估量的文化价值，其内容更是充满着丰富的爱国主义思想，深刻认识我国古都的历史文化价值，是激发和增强爱国主义观念的重要基础，这是本课程所要达到的重要学习目标。

(2)懂得在语文的世界里，文字与文化有着密不可分的关系，从而树立基于文字和文化两方面的审美意识。通过"文化乐旅——古都繁华几春秋"的学习，认识历史给我们留下的文字和文化的文明价值，在语文工具性和人文性两方面树立起情感态度和价值观上的审美意识，并承担起这样一种责任：继往开来，传承文化。

(3)应积极投身于古都文化的文明探索中，培养学生的审美意识和传承文化的责任感。古都文化是人类在漫长历史进程中所创造的，并留存至今的文明成果。然而，现在很多都被游客忽略，这要求我们丰富文化知识，传承优秀的传统文化，为推动古都文化事业而做出贡献。

第八章
传承与发展：建设具有生命活力的课程基地

从国民教育体系的整体来看，普通高中的教育教学具有承前启后的功能。分析我国现行的普通高中培养目标可以发现，推动个体社会化、强化学生个性发展、拓展学生基础学力、提高学生素质等目标赫然在列。立足学生发展，把僵化的书本知识向拓展学生潜力的发展空间还原，向动态化、丰富的生态课堂转化，以此全面实现教育价值，这是课程基地建设的着眼点，也是落脚点。在愿景期许的前提下，在各种现实的影响下，极有必要将课程基地建设当成普通高中教育、育人方式拓展与教育内涵创新的基本途径。

课程基地建设的实践价值

课程基地、实训基地和学科基地等都属于教育基地范畴。课程基地与学科基地、实训基地的不同之处是普通高中教育是其立足点。而将体验性新课堂、特色课程开发成功并提供给学生，对多元课程环境中学生探究式、合作型及自主化实践与学习能力提升有利，能顺利拓展学生的潜能，提升创新水平。①

一、学校课程领导力与课程基地建设 >>>>>>>>

为全面提升学校课程品质，课程团队在课程教学实践中对外展示出的规划能力、实施能力、发展能力以及实施效果评价能力就是课程领导力的内涵。课程领导力通常表现为两大部分：第一部分是观念性课程理解力，第二部分是实践性课程执行力。课程重构、课程执行、课程融合及课程评价是课程领导力得以实现的基本途径。从课程基地建设实践来看，课程领导力中的课程创新能力与设计能力功能极为关键。从本质上来看，互补、延伸并升华现实课堂是课程基地建设与发展的基本方向，课程基地建设关注的重点主要表现为三方面：第一，把体验式教学新课堂创设成功并提供给学生使用；第二，学中做与做中学；第三，课程理念的实现方法。课程基地的目标为学生的实践和教师的发展，组织策略及实施渠道为互动平台与模型的建构，物质保障与基础性支撑为课程资

① 马斌：《课程基地领跑学习的革命》，载《江苏教育研究》，2010(35)。

源与教学环境。[①]

（一）依托课程领导推进课程基地建设

优秀的普通高中课程基地通常表现为以下几个方面：在课程内容体系的开发环节、实施环节和评价环节上全部实现传统教学与学习模式的改变及展示课程现代思想、满足学生与社会需求，充实传统教学形态，对课程实施方法进行全面拓展，让师生更进一步认识课程学习的本质。因此，在课程基地建设的过程中，学校有必要基于校本课程与学科课程建设实践中所积累的课程领导经验来对人才培养模式进行创新性探索。

从课程基地内涵建设方面来说，有必要基于推动和实践素质教育、学生全面发展这一主体目标来引导开展课程基地建设，从而将实现课程价值、实现学生主体地位和引领规划在课程基地建设实践中进一步对外展示。课程基地可以为学生提供环境平台，满足学生的发展需要，但是，学生是否能真正投入并与课程基地有效融合决定着其潜能是否能得到充分发掘，也决定着其综合素质是否能获得实质性的提升。再者，学生的知识技能固然重要，但其身体素质与道德品质同样不可忽视，并且课程基地建设的基本目标是学生核心素养的培育，所以普通高中对以上内容都比较关注。课程基地在教学环境构建过程中必须充分重视课程关系具不具备优化课程资源功能，重视学生能不能借助基地载体实现身心协调发展。要使课程基地在基础教育及社会、学生发展中获得更好的立足机会，把学校优势课程向新型课堂演绎转化，让学生通过学习、实践和体验完成技能与知识的掌握，实现修养与素养的提升，课程领导力的作用就必须得到全面体现。

分析课程基地建设现状可以发现：课程基地建设开始后，尽管从行动和理念上显著转变了普通高中课程建设的状况，但是其行动与理念并不完全合拍，问题比较多。对于当下的普通高中来说，高考是它发展过程中无法回避的话题，课程基地建设也必须要正视这一问题。而只有基于课程领导顶层制度的设计，确保行动与目标统一，才能将课程基地的实效性更加真实地体现出来。

---

① 康红兵：《课程基地建设：一项基于课程领导力的行动研究》，载《教育理论与实践》，2015(5)。

(二)课程基地建设提升课程领导力

分析课程基地建设现状表明,其基本目标和根本性保障主要就是提升课程领导力。

1. 转变思想意识

课程基地建设能否真正取得实效,主要取决于课程基地建设的思想意识能否转变,学校课程文化建设和课程领导力直接决定着思想意识的转变程度。由于学生、教师和校长同为课程资源的开发者和课程领导的共同体,所以在课程基地建设中,在全面提升校长课程领导水平的同时还要注重教师课程意识的培育,对学生的主体地位给予更多关注。课程文化建设的主要功能是提高课程基地建设质量,推动学生和基地同进步、教师和基础共发展。

2. 在学校整体课程规划中全面纳入课程基地建设

从本质上看,这种纳入过程是一种课程规划实践。课程基地建设通常应基于顶层设计理念及相关标准并以学校文化为着眼点,利用课程的整合、改编、选择等开展综合开发。这样也可以提供学校课程领导力实践机会,促进课程领导力的提升。

二、课程基地建设与"适合的教育"发展 >>>>>>>>

从本质上讲,课程基地建设属于提升普通高中课程教学品质的一种尝试手段,也是课程教学改革的一个基本探索途径。持续推进课程基地建设不但可以有效拓展学科课程文化建设途径,还有利于校本化课程体系的完善。我们知道,塑造人、发展人是教育的根本目的。中科院院士杨叔子先生曾指出,学校的根本任务是什么?一是教会学生如何做人;二是教会学生如何思维;三是教会学生掌握必要的、高层次的知识以及运用这些知识的能力。办学理念实质上属于一种学校教育哲学,也是学校系列化教育思想、教育理念与价值追求的统一体,因此它也属于学校建设与发展的基础与灵魂。建立与教师、学生发展相适应的教育才是"适合的教育",课程基地建设的出发点正是如此,能将充分发展的场合和平台提供出来,确保师生得到发展。所以,"适合的教育"与课程基地建设"不谋而合"。

(一)基础建设

课程基地建设有必要将基地课程功能凸显出来并服务于课程。建立融研究性、先进性、自主性、开放性、体验性和实践性于一体的师生共用的新型课堂是课程基地建设的基本方向。具体来说，课程基地建设应始终将强化学生的核心素养、增强学生的发展与创新能力、建设高中创新型和高质量实验室作为自己的努力方向，利用师生的看、学、做、悟等环节不断地充实特色课程教学策略，完成课堂教学手段的拓展，促进传统教学方式的改革，以便师生完成特色课程的体验，让学生全面实现合作式学习，提高他们分析及处理具体问题的水平，就此完成学生创新水平与实践能力的培养与提升，从软、硬件上全面支持教师的教学研究与工作创新。以下为奉化区第二中学地方经济作物研究室项目的具体实施方案。

1. 完善组培课程

在模拟实验、参观实践基地和网络教学相结合的组织培养课程前提下，以标准组培实验室教学环境为基础全面充实既有的教学流程与体系，并进一步提升教学内容的实效性。

2. 丰富栽培课程

系列化作物栽培课程(以"玫瑰的欣赏和种植"为代表)尽管已经形成，但因囿于本校实际，培养储备技术人才的目标依然无法实现，而仅具传授并实践传统栽培技术的功能，因此现代化栽培技术课程建设力度有必要持续提升。奉化区第二中学正在开展的地方经济作物研究室项目就此奠定了课程开发的现实基础。

3. 花木栽培的研究

从大学研究及九峰山组培生产、花木种植产业、天然植物等资源来看，均能从技术指导、场地提供、物资供应等方面为学生花木栽培研究的开展提供协助。因此，本项目打算以地方经济作物栽培种类、形式及收益等为切入点，全面开展调查研究工作，持续开展各种新型栽培技术的研究和实践活动，并以课程研究成果为本地的经济发展提供服务。

4. 培养储备经济人才

培养学生能力是课程开发的目的所在，服务社会经济发展则是培养学生能力的基本意图。有必要将莼湖花木生产特色充分考虑在内来开发学校选修课程，以此来培养储备现代化的花木生产人才。

5. 实践能力的培养

现代化、智能化花木种植栽培技术人才的培养需要从小抓起，也就是说应从低年级学生入手开始培养训练学生的花木育种栽培技术。在此过程中注重学生的学习过程，有意识地提升学生体验收获的喜悦，激发低年级学生对花木产业学习的参与思想与乐趣。

（二）基地特色

作为新型学校课程文化之一的课程基地，其基本目标是提升学生的综合素质，特征则表现在创设新型学习环境，主线是提升实践认知和学习能力，重点则是完善课程内容实施方式，以此推动学生以探究、合作和自主理念为基础来实现学习效能的提升，就此全面打造出有利于发挥学生特长潜能的综合性教学平台。所以，本书认为，课程基地建设必须全面满足学校、教师及学生的发展需求，展示学校特色。

学校某门优势课程和某个具体特色通常是普通高中课程基地建设的着力点，采用这种方法可以利用优势课程基地建设的既有经验和成效发挥出引导作用，为其他课程基地建设提供现实参考依据，并向其他课程教学实践逐步辐射，利用不同的努力和转化过程循序渐进地构建校园课程"超市"，持续发展并创新学校课程文化。

奉化区第二中学办学历史悠久，周边教育资源整合式发展历来是浙江省传统，主要做法是把学生的实践体验和生活经历转化为个性化发展的动力，以此建立体验式教育。学校"萤火虫"志愿者服务队自1994年建立以来始终没有中断服务，对附近社区孤寡老人的结对帮扶服务持续长达26年之久；1995年以来，清明节徒步23千米祭扫松岙烈士墓活动同样持续了25年，从未中断，在此过程中学生的爱国情怀和个人毅力得到了有效提升；该学校"爱心基金会"组建于2000年，"学会感恩"是该基金会的基本宗旨，引导学生节约零花钱，为自己身边家庭经济困难学生提供力所能及的帮助，为他们顺利完成学业贡献绵薄之力。在深化课程改革的路上，学校完成了公民素养课程的开发，以此对学生的个性、价值、人格完善和思维创新进行重点培养，提高学生服务社会意识，增强学生规划设计未来人生的能力，奠定学生适应大学生活或社会生活的基础。基于师生互动，在建设课程基地特色文化时，应将构建学习体验各种知识与技能的过程与方法考虑在内，并通过此类体验和经验的相互激荡以及它们和公共知识的互相碰撞，有效建立新型学校文化，提高学校教育质量。

课程基地建设的实践探索

> ∧
> ∨∨
> ∨∨
> ∨∨
> ∨∨
> ∨

奉化高级中学是于 2008 年 8 月由宁波东方外国语学校和奉港高级中学两校合并组建的一所公办普通高中。2009 年，浙江省省教育厅发函，正式认定新组建不久的奉化高级中学为省三级重点普通高中。2015 年，经浙江省省教委评估后学校被认定为浙江省省二级普通高中特色示范学校。奉化高级中学虽然只有十几年办学历史，但它有着深厚的文化底蕴。学校立足校情，面向未来，紧跟时代，秉承"做最好的自己"的理念，提出了"文理相融，人文见长"的办学思路，高度重视课程基地建设。学校的基地以校为本、以生为本，重视课程开发、文化传承和中西文化的融合，走出了一条以体艺教育为主线、因材施教、适性多元和培养学生核心素养的学校特色发展之路，促进师生共同成长。同时，学校充分发挥区域教育的示范辐射作用，成为国内体艺教育对外展示的窗口，在国内外产生了一定的影响。

一、古为今用：中国布龙传承基地建设[①] >>>>>>>

"奉化布龙"被列入第一批国家级非物质文化遗产名录。奉化高级中学从 2002 年开始从事"奉化布龙"这一国家首批非物质文化遗产的传承工作。目前，学校已经是浙江省和宁波市非物质文化遗产的传承基地和教学基地。在十余年的"奉化布龙"校园传承实践中，奉化高级中学致力于探索"制龙、舞龙、赏龙、悟龙、成龙"为一体的

---

① 应伟龙：《传承非物质文化遗产的学校作为》，载《学校管理》，2012(4)。

"五龙"教育体系，从校舞龙队（布龙社团）、"奉化布龙"校本课程、校园布龙文化的营造等层面推进"五龙"特色办学。学校课程领导不断地加强"五龙"教育，使之进一步为学生的个性发展提供空间，为学校的特色发展凝聚力量，为"中国布龙之乡"——奉化的非物质文化遗产传承做出贡献。

（一）发挥非物质文化遗产基地作用，优化"五龙"教育模式

"五龙"教育主要从三个方面予以落实。首先，从校园文化建设层面，通过物化环境和非物化环境的创设，进一步奠定"五龙"教育植根我校的文化土壤，这是学校落实"五龙"教育的公共模块。其次，优化面向高一年级全体学生开设"走进课堂的奉化布龙"校本课程，让学生通过制龙、舞龙、赏龙、悟龙这一系列过程全面了解奉化布龙，感受奉化布龙，这是学校落实"五龙"教育课程建设的必修模块。最后，作为一种民间体育舞蹈项目，奉化布龙还应具备表演竞技功能。为此，学校通过学生在"奉化布龙"校本课程中的表现招募了一部分舞龙底子好，同时又对舞龙有浓厚兴趣的学生进入学校舞龙队（社团化管理）参加集训，校舞龙队是"五龙"教育的选修性模块，满足部分学生的个性化发展需要（如图 8-1）。我们将进一步优化"五龙"教育模式，扩大舞龙学生的受益面，形成"点、线、面"一体的"五龙"特色校园文化。

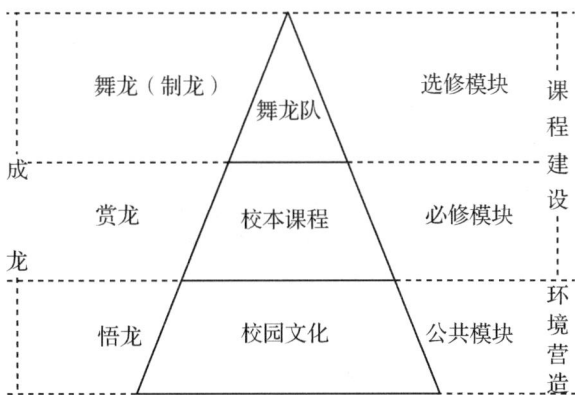

图 8-1　"五龙"教育的内涵与形式

1. 在校园文化建设中感受非物质文化遗产

校园文化是社会文化中的一种，是学校全体师生在长期教育教学实践中逐步形成并得到社会认同和接受的价值准则、信念、期望、追求、态度、行为规范、历史传统以及思想方法、办事准则的总和。奉化高级中学"重大局、彰大气、育大爱"的"三个大"校风，折射了"龙"文化中的大气风范、大局意识和合作精神，是"奉化布龙"优秀文化的体现。为了将"奉化布龙"的历史以及社会影响展示给师生，学校在校10号楼一楼设置了"五龙"文化宣传长廊，通过墙面的图片和文字材料介绍"奉化布龙"的历史和社会影响(如图8-2)。一同展出的还有我校的舞龙特色活动，特别是从2002年成立校舞龙队以来参加的演出、获得的荣誉等。通过对"奉化布龙"和学校舞龙的介绍，让学生感受、体验"奉化布龙"以及学校舞龙队的来龙去脉，从而在整体上对"奉化布龙"有一个粗略的把握。在此基础上，结合"奉化布龙"校本课程的开设进度，开展"奉化布龙"进校园的"三个一"活动。在每年9月开展一次"走近奉化布龙"主题板报评比活动，每年11月(校运动会期间)开展一场舞龙汇报演出，每年的5月开展一次"我与奉化布龙"主题征文比赛。

图8-2 学校"五龙"文化宣传长廊

2. 在校本课程中了解非物质文化遗产

课程是学校教育的"深水区"，通过校本课程"奉化布龙"的开发和开设，可以有效地让学生走近"奉化布龙"，了解这一非物质文化遗产的魅力。学校课程领导抽调了学校语文教研组、历史教研组和体育教研组的部分骨干教师成立了《奉化布龙》编写委员会。《奉化布龙》开国内"奉化布龙"校本教学之先河，全书共计 27704 个字，115 幅图片，分五章二十节展开论述。从"奉化布龙"的历史舞龙技能学习，"奉化布龙"的套路与评分、制作工艺和欣赏等五个方面谋篇布局。《奉化布龙》具有很强的校本特点，教学示范作用极强。全书所有的素材，特别是图片都来源于学生的舞龙现场或者教学现场，反映的是"原汁原味"的奉化高级中学特色，展示的是"地地道道"的奉化高级中学舞龙教学场景。《奉化布龙读本》目录如下。

编写组成员

主　　编：应伟龙

副 主 编：王基明　范安坤　王波平　徐佳乐

第五章　奉化布龙的欣赏

第一节　赏龙与悟龙

第二节　奉化布龙的音乐特色

根据课程的开发理念和课程的内容体系，同时为了全校普及校本课程，学校制定了《奉化高级中学〈奉化布龙〉课程管理办法》，从课时安排、课程评价等方面对"奉化布龙"校本课程做了如下规定。

【课程实施建议】

（1）课时安排。学校安排以高一年级为主，学校舞龙队起到引领作用。高一年级每周1课时，课时安排为：理论课3课时，欣赏课2课时，实践操作课12课时。

（2）教学原则。校本课程"奉化布龙"的开发与研究有其独特的目标和运动规律。根据目标取向和定位以及长期的实践经验，确定了以下几条教学原则。

①操作性。"奉化布龙"校本课程的开发应立足于学生多动手操作，并通过亲身实践拓宽视野、丰富知识、陶冶情操、培养学生的动手能力和良好的劳动态度、劳动观念。

②主体性。应充分体现学生的主体参与性，确立其主体地位，让学生在学习知识、掌握技能、制作创造及其成果评价等过程中充当活动的主人。

③创造性。"奉化布龙"校本课程的布龙制作不同于一般工人的技术培训，它着重培养学生的创造性思维和创新精神，注重提高学生的创造能力。

④趣味性。布龙的制作与舞动，尽量符合学生的心理特征，力求生动、活泼、引人入胜，使学生乐于投入、积极参与。

⑤协作性。布龙的制作与舞动特别强调协作性，要求学生充分发扬团结协作的精神，集思广益，充分发挥集体主义精神。

⑥审美性。"奉化布龙"校本课程应把审美教育作为贯串整个教学的主线，通过让学生感受和体验对自然美、生活美、艺术美，来陶冶学生的情操，培养学生的审美情趣。

⑦探究性。"奉化布龙"校本课程应重视课堂内外的探究性学习，使学生自觉探究布龙制作、舞动的知识、技法、创意等领域，提高学生的探究能力。

(3)活动形式。①每个班级至少制作一条布龙，在课余时间完成，并且选拔出舞龙选手进行操练。

②校运会上每班派出一支舞龙队参加表演比赛。

③学校舞龙队参加各级各类汇报演出。

【课程评价】

"以人文本""以学生个性发展为本"是该课程评价的核心。评价体系由形成性评价和终结性评价组成，尤其要加强形成性评价。既要关注学生掌握知识、技能的情况，又要重视学习过程中学生的情感、态度和价值观的变化和发展，还要有助于教师及时了解课程标准的执行情况，对自己的行为进行反思，不断发展和完善自己，弱化评价的甄别与选拔功能。对评价的方式，提出下列建议。

(1)注重过程评价，定性与定量相结合。注重学生参与布龙课程的学习过程评价，重视评价对学生的发展作用，对学生参与资料收集、作业设计、教材建设等多方面进行定性定量评价，根据具体情况教师可以采用描述性评价、等级评价、学分评价等多种形式。

重视学生的自我评价。在重视教师与他人对布龙课程评价的同时，更应注重学生的自我评价。学生的自我评价可以采用问卷形式，也可以采用建立学生学习档案的形式。

学生通过建立学习档案提高布龙制作水平以及舞龙的主动性，促进学生在原有水平上的发展，有效地提高学习质量。教师通过查阅学生的学习档案，了解学生的学习态度和学习特点，了解学生在发展中的需求，及时给予针对性的指导。

全员评价。校本课程是教师、学生、校外人士共同参与的课程，为保证评价的客观性，应采用全方位、立体化的多元评价，有学生自我评价、同学评价、家长评价、指导教师评价、服务对象评价，全员参与共同评价。

教师的自我评价。强调教师对自己的教学行为进行分析与反思。建议教师在每一单元教学任务结束后，记录自己的教学体会、教学成果以及需要改进的地方。采用多元的评价渠道来获得信息，不断改进教学，提高教学水平。

3. 在社团活动中践行非物质文化遗产

学校从 2002 年开始成立校舞龙队，对其进行社团化管理，力求培养高素质的舞龙艺人，通过以点带面，推进"奉化布龙"这一非物质文化遗产的传承和发展。

为了吸引优秀学生加入舞龙队，从2009年起，学校推出舞龙特长生的中考特招政策，根据《奉化高级中学舞龙特长生招生政策》和《奉化高级中学舞龙队协议书》等文件，在身体素质、综合能力和文化课成绩等方面符合学校要求的初中应届毕业生都可以参加舞龙特长生招生面试，校招生委员会根据考生的身体素质测试和中考成绩综合考量择优录取。从历年的招生录取工作来看，这项政策有力地激发了学生参与舞龙的热情，也在制度上保证了奉化区尚田中学和奉化区尚田中心小学(这两所学校也是"奉化布龙"的传承学校和教学基地)等学校参与"奉化布龙"文化的传承，实现了政策上的有效链接。

比如，奉化高级中学舞龙队出访土耳其，参加首届中国农民艺术节、上海世博会、国际舞龙邀请赛、全国农民运动会、体育大会等活动，屡获大奖，名声大振。特别是2012年4月在英国的成功巡演博得了全球的关注，国内外新闻媒体都进行了报道。学校舞龙队的出色表现与骄人成绩在龙狮界引起了极大的反响，北京体育大学等一些体育院校开始向舞龙队学生抛来橄榄枝，宁波职业技术学院更是为舞龙队学生开通"升学直通车"。

4. 在创新实践中促进布龙文化的传承

"奉化布龙"作为一种非物质文化遗产，提倡对其进行活态传承，那么何谓"活态传承"呢？学校课程领导认为，"活态"就是要保证这一非物质文化遗产是"活"的，即在特定的区域中有着特定的人群在传承、在创作，源源不断地更新发展，与时俱进。比如，"奉化布龙"的活动范围和功能作用已不如当初了，无法让"奉化布龙"在当今社会中能够跟以往一般活跃在人们的视野中。因此，作为"奉化布龙"传承基地学校，既要保证学生了解自己家乡的布龙，又要保证在当今时代有这么一群人在传承着布龙文化，确保这一非物质文化遗产不会消失，另一方面，为了确保传承的可持续性和科学性，在舞龙的教学方式和培养目标上均要求不断创新。

学校舞龙队成立以来，教师积极带队参加各类舞龙比赛、表演和社会公益活动。学校还采取"派出去、请进来"的形式，选派舞龙教师外出学习交流，积累了丰富的实践经验，他们在教学中除了传授"奉化布龙"

的传统舞蹈套路，还不断增加新的元素。比如，"奉化布龙"的传统套路有"大游龙""龙钻尾""龙戏尾"以及"快游龙""弓背龙""满天龙""搁脚龙""双龙戏珠"等。在全面掌握"奉化布龙"基础套路、舞龙规定套路的基础上，舞龙队学员还要学习和掌握一些舞龙高难度动作，学习难度较高的自选套路，引导学员通过改编、自创等方式探索新的动作套路。

不断创新促进了"奉化布龙"的发展。通过"奉化布龙"传承基地的所有成员，包括校长、布龙教练、各科任教师、舞龙专家及学生的共同参与，必定能够促进"奉化布龙"的进一步发展，创作出新的、符合时代发展的可以经得起历史考验的"奉化布龙"新作品。

(二)传承"奉化布龙"文化，激发学生学习动机

德国教育家斯普朗格认为，教学活动的目的不是文化传递，而是通过这一过程促进个人的成长。建构主义心理学认为，每个人都有自己的兴趣和认知风格，会在自己的活动和交往中形成自己的个性化和独特的经验，学生具有巨大的潜能和差异性。个体在建构知识和发展的过程中，动机是必要的动力。所谓动机，指学习者在改变一种行为时必需的动力。心理学家马斯洛提出了一种需要层次理论，他认为，当个体的基本需要和心理需要(如安全、爱和自尊)得到满足时，人的动机就主要来源于自我实现。奉化高级中学布龙传承基地舞龙队的开设正是给予学生自我实现的一个机会。近三年，学校已培养了30名舞龙高手，500名左右的普及型选手。

1. 兴趣推动

兴趣是人对事物的一种倾向性，是推动学生探求知识并培养其积极乐观的情绪。浓厚的兴趣能调动学生的学习积极性，推动学生积极地探索、敏锐地观察和牢固地记忆，激起学生的强大学习动力。学生在舞龙队中的学习是在兴趣的推动下进行的，奉化高级中学舞龙队的学生大多是在中考特长生招生中，自愿选择进入舞龙队的。也许他们一开始不是出于兴趣直接导向，抑或一开始并不明确自己的兴趣是什么，但在老师的教学和辅导中让他们对"奉化布龙"产生了兴趣。学生的动机除了自发的需要以外，还在于教师能够确定学生的"引擎"和补充恰当的"燃料"。也就是说，教师可以激发学生的兴趣并形成学生的内部动机来推动学生的学习。根据访谈调查可知，学生加入舞龙队后对"奉化布龙"的兴趣是

越来越浓厚的，他们不仅在日常训练中表现得积极，还能在其他场合积极主动宣传"奉化布龙"的相关文化知识。

除了特招的舞龙队，为了进一步优化"五龙"教育模式，扩大舞龙学生的受益面，形成"点、线、面"一体的"五龙"特色校园文化。在高一年级借助校运会舞台，出现"班班有布龙，人人会舞龙，大家做布龙"，全校 96 条龙在操场上齐欢舞的壮观场景。

2. 演出激励

马斯洛的最高层次需要——"自我实现需要"让学生已经不能满足于课堂上的表现形式，他们希望能够将自己展现在别人面前，表现欲望越来越强烈。全国、省、市举办的各类比赛和演出活动正是满足了学生对自我实现的需要，为学生的成功创造了条件，提供了展示的舞台。学生通过舞台的表演可以满足自己表演的欲望和参与意识，可以获得老师、家长和同伴的赞赏以及获得奖杯、奖状等物质奖励，从而得到了进一步的强化作用，收获了自信，实现了自我价值。苏联教育家苏霍姆林斯基就曾说："在学习中取得成功是学生精神力量的唯一源泉，它能产生克服困难的动力，激发学习愿望。"在演出活动中收获的成功能够有效激发学生学习传承"奉化布龙"的主动性、自觉性和积极性。

奉化高级中学舞龙队从 2002 年 9 月成立至今，代表学校和奉化区多次参加了国内外比赛，并取得了优异的成绩。先后参加的竞技比赛或者公开演出有：浙江省"体饮杯"舞龙赛、浙江省第五届农运会、"龙聚东海"全国舞龙锦标赛、全国第五届农运会、全国舞龙精英赛、浙江省舞龙大赛、中华经典舞龙展示赛、浙江省第六届农运会、国际音乐舞蹈文化艺术节(土耳其)、全国第六届农运会、浙江省千镇万村"龙文化"表演、浙江省非物质文化优秀项目汇报演出、全国龙狮精英赛暨第四届世界龙狮锦标赛选拔赛、中央电视台《艺苑风景线》文艺演出、浙江省第二届乡村舞龙大赛、上海世博会"浙江周"及宁波"特别日"活动、浙江省首届体育大会舞龙比赛、第八届全国残疾人运动会开幕式、2012 年龙腾浙江跨年舞龙活动开幕式、2012 年英国奥运年文化巡演、2013 年全国龙狮争霸赛、2014 年浙江省舞龙锦标赛、2015 年 7 月浙江省第二届海洋运动会沙滩舞龙(自选套路)(规定套路)一等奖、2015 年 10 月浙江省第二届舞龙锦标赛自选套路一等奖、竞速舞龙一等奖、规定套路一等奖、团体一等奖等。

　　2016 年元宵佳节，奉化高级中学舞龙队参加了 2016 年全国"龙腾狮跃闹元宵"大联动暨宁波市舞龙表演大赛，获得了优胜奖。这次活动召集各村、社区、学校、部队、企事业单位的 30 多支舞龙、舞狮队（展演队员 500 余人，沿途观众二万余人）到县江两岸及岳林广场展演并举行了宁波市舞龙大赛。6 月参加浙江省第三届舞龙锦标赛，来自全省各地 15 支代表队的 210 余名舞龙选手进行了舞龙比赛，奉化高级中学舞龙队获自选、规定、竞速舞龙一等奖。9 月 15 日，奉化高级中学舞龙队在 2016 年上海国际龙狮文化节暨华东地区龙狮邀请赛中喜获银奖。12 月参加第九届全国龙狮锦标赛（江苏南京）获传统舞龙第二名。

二、洋为中用：国际级刮版画基地建设 >>>>>>>

　　刮版画英文名称为 Scratchboard，是源自欧洲的一种古老艺术形式。奉化高级中学美术组竺莉萍老师于 2009 年从国外引入刮版画艺术，随即开始了对刮版画的创作与教学研究，她也被称为"亚洲刮版画第一人"。刮版画因其独有的作画方式和艺术特质极大地调动了学生的审美情趣和创作热情，这也使刮版画教学促进了学生个性健康和多元化的发展，也切实提升了学生的美术素养。

　　那么如何使刮版画教学发挥出提升美术素养的作用呢？在传统美术教育的基础上如何去创新、发展美术教育的形式、内容以期更好地促进学生在核心素养五个方面的发展，是奉化高级中学课程领导共同关注和思考的问题。经过不断地尝试与研究，我们从课程建设、师资建设、教学推广、作品创作和国际交流五个方面进行国际级刮版画基地建设研究，以此全方位地开展刮版画教学活动。课程开发使教学活动体系化，师资建设为薪火相传抛撒种子，教学推广使星星之火可以燎原，作品创作使艺术生命得到常青，国际交流使本土研究得以取长补短。由此，刮版画教学逐渐真正地融入美术教育中，从而在提高学生美术素养中画出浓墨重彩的一笔。

(一)软硬件建设双管齐下，创造良好的美术素养培育环境

1. 硬件建设：建设刮版画创新实验室

学校积极向上级部门申报建设刮版画创新实验室。刮版画创新实验室配备优质的刮版画器材、画具及作品展厅，为刮版画教学提供了硬件保证。在此基础上，以学校美术教研组成员为核心成立了刮版画研创工作坊。他们定时、定点进行刮版画研讨活动，如作品的选材分析、主题内容的设定、画面的意境把握等研究活动。此外，学校充分利用作品展厅的功能，举办刮版画作品展，营造了刮版画教学的文化氛围（如图8-3）。

（a）刮版画展厅

（b）刮版画专用教室

图 8-3　刮版画的硬件建设

2. 软件建设：全方位打造具有刮版画特色的校园文化

（1）社团建设。社团建设的目的一方面是有组织地开展刮版画活动，另一方面是借活动的开展提高学生在创作、欣赏、实践上的素养。2013年成立奉化高级中学刮画社之初，由二十到三十个美术生组成，主要负责学生作品的创作和学校刮版画活动的组织。同时，学校定期给刮画社开设刮版画提高课程，每学期8课时。具体活动结构如图8-4。

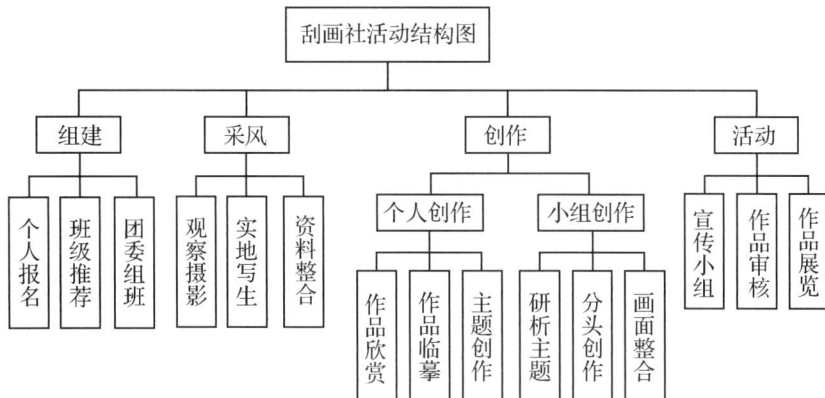

图 8-4　刮画社活动结构图

（2）活动开展。通过"团委组织—刮画社执行—美术组全程监督"的活动组织模式，开展一系列有关刮版画的校园活动。活动意图也由一开始的"基础性创作普及"（如举办"廉文化""竹文化"刮版画创作比赛）升级至"精品创作"（如"雅美"系列艺术活动）。参与这些活动的是来自不同年级各个班级的学生，他们享受创作，更享受美术教育带来的艺术欣赏。

图 8-5　奉化高级中学第一届"雅美"系列艺术活动颁奖典礼

（二）分级开发刮版画教材，推动课程体系优化

1. 教材开发

（1）省级精品课程"刮版画"。为使刮版画教学走向专业化、正规化，竺老师于 2014 年开发了选修课程"刮版画"，并被评为省级精品课程。此课程也成了全国乃至全世界唯一的普通高中刮版画教材，为以后的刮版

画教学奠定了基础。2014年精品课程"刮版画"上传至浙江省精品课程教学网，供省内所有教师教学所用。以下为选修课程"刮版画"的课程纲要。

"刮版画"课程纲要

课程目标

情感：通过每一节课欣赏几幅大师或教师的作品，借鉴他们的创作技巧，增强学生的学习兴趣。

知识：加强美的法则练习，主要是构图和黑白灰处理怎样紧密结合的主题。

能力：用教师掌握的技法来指导学生，鼓励学生研究新的技法。

创意：通过"健康、环保"的主题来进行创意。

教学目标

知识目标：认识刮版画，理解刮版画的独特性和创作规律。

能力目标：培养学生的创意思维，学会刮版画的技法以及制作过程，培养学生的动手能力和做事的持久性。

情感目标：体验刮版画创作的新奇和乐趣，激发学生创作和学习绘画的热情。

课程内容

主要有欣赏、技法、创作、展示四个板块（具体内容见表8-1）。

表8-1 "刮版画"选修课程电子教材目录

教学内容	课时安排
第一课"认识刮版画"——大师作品欣赏	1课时
第二课"走近刮版画"——教师作品和学生作品欣赏	1课时
第三课"体验刮版画技法之一"——点的运用与表现	1课时
第四课"刮版画技法之二"——线的运用与表现	1课时
第五课"刮版画技法之三"——面的运用与表现	1课时
第六课"刮版画技法之四"——点、线、面的综合运用	1课时
第七课"刮版画的技法之五"——黑、白、灰在画面中的处理	1课时
第八课"刮版画的创作之一"——构图与意境欣赏	1课时

续表

教学内容	课时安排
第九课"刮版画的创作之二"——如何收集刮版画素材	1 课时
第十课"主题创作之一"——鸟儿飞过的风景	3 课时
第十一课"主题创作之二"——天空的对话	3 课时
第十二课"评价之一"——我们的风采展示一	1 课时
第十三课"评价之二"——我们的风采展示二	1 课时
第十四课"评价之三"——作业展示	1 课时

教材编写原则

通过循序渐进的教学原则，引领学生走进新的艺术天地，设置的内容一步扣一步。本课是作者经过长期研究和尝试而精心编排的。

1. 欣赏著名画家的作品到欣赏教师的创作作品，在学生原有创作的习作基础上，引导学生开阔眼界，提高鉴赏能力。

2. 除了欣赏课，每一课的技法练习都是有范例的，可以直观地让学生进行鉴别和判断，并有讨论和尝试体验的环节。用台阶式的技法训练，给不同基础的学生带来不同层次的范画，这也是本教材的亮点，并有明确的作画步骤，不会使学生头绪杂乱。

3. 设计的创作活动灵活性强，教师提供 8 个题目，学生自主提供 2 个题目，学生在选题时能突出主体性判断，尊重学生的个性。

4. 设计的活动方案有书面描述作业、分组讨论、收集资料、评价等活动，能满足学生课外拓展的求知面。

课程实施建议

本课程应尊重以学生为主体的原则，保护学生的个性，充分挖掘学生艺术潜能，鼓励学生努力创作。课程一个学期开设 18 个课时，作业要求技法习作 2 幅，创作 2 幅，得 1 学分。展示学生创作的作品，好的作品留校并颁发证书。

(2)市级精品课程"微型刮版画"。"微型刮版画"也是由竺莉萍老师首创的，为了能更好地将其用于美术教学，奉化高级中学美术组在"刮版画"课程的基础上，开发完成"微型刮版画"课程，并录制 10 课时的教学视频，供学生在课余时间自学。微型刮版画也有欣赏、技法、创作和展示四个板块，但又有自己的独特之处，以下为"微型刮版画"的课程内容

（见表 8-2）。

（见表 8-2）。

表 8-2 "微型刮版画"的课程内容

教学内容	课时安排
第一课"认识微型刮版画"	1 课时
第二课"点线面形式的技法练习"	3 课时
第三课"临摹一幅微型刮版画"	2 课时
第四课"创作素材的收集"	1 课时
第五课"微型刮版画的构图技巧"	1 课时
第六课"室内外写生"	2 课时
第七课"微型刮版画的创作意境"	4 课时
第八课"微型刮版画的创作"	1 课时
第九课"微型刮版画作品赏析"	1 课时
第十课"学生作品展示及赏析"	2 课时

2. 课程建设

（1）刮版画课程体系的建设。奉化高级中学根据自身课程体系的特色，致力于打造以"舞龙"为核心的体育类选修课程群和以"刮版画"为核心的特色化选修课程群。如果要刮版画教学能有效地提升学生的美术素养，就需要在不同美术基础的学生中做到真正的普及。为此，美术组老师们着手开发通用性三级刮版画校本课程。以下是刮版画课程体系框架图（如图 8-6）。

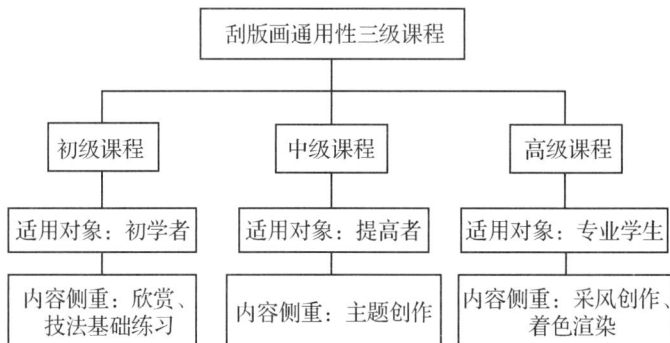

图 8-6 刮版画通用性三级课程

（2）刮版画课程途径的多渠道开设。为了让刮版画教学全方位地渗透到学校的课程教学中，奉化高级中学在多样性课程开发的基础上，从2014年开始开设了刮版画知识拓展类、兴趣社团类、网络课程等多样性课程。其中，兴趣特长类及知识拓展类选修课程历时4年，共有640名学生参与其中，具体选修情况见表8-3。

表8-3 历年刮版画选修情况

选修课课型	拓展类	拓展类	特长类	特长类
年份	2014 年	2015 年	2016 年	2017 年
年段	高一、高二	高一、高二	高一、高二	高一、高二
人数	160 人	160 人	160 人	160 人
指导教师	4 人	4 人	4 人	4 人
周课时	1 节/周	1 节/周	1 节/周	1 节/周

（三）探索刮版画教学范式，促进刮版画艺术推广

1. 刮版画教学模式的探索与实践

"课堂教学、室外采风、校园活动"构成了我校刮版画教学的常态模式（如图8-7）。

课堂教学

室外采风　　　　校园活动

图8-7 刮版画教学常态模式

(1)立足课堂教学。多维度呈现刮版画课堂教学模式。课堂教学模式可以分为纵向和横向两个纬度。

纵向纬度按年段来分，不同年段的学生按水平进行教学，教学模式为：基本练习、临摹、创作。

横向纬度根据课型来分，分为欣赏课、临摹课、创作课(如图 8-8)。

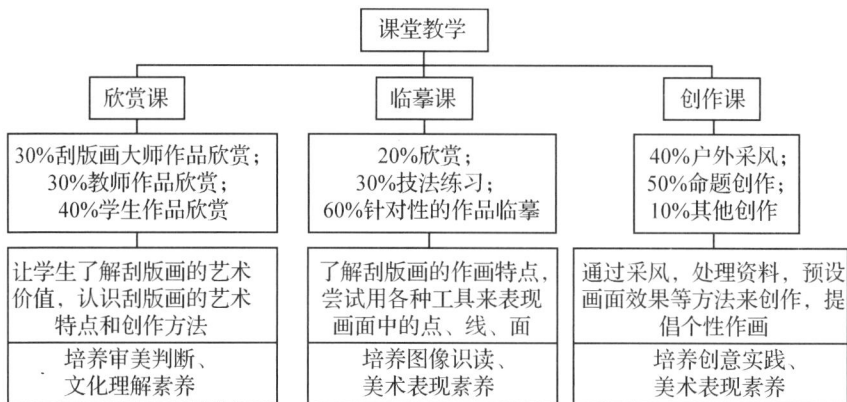

图 8-8　横向课堂教学模式

(2)坚持室外采风。刮版画素材要从自然中来，又要走进艺术的高雅大门。为此，学校美术组组织学生通过"室外采风→意境创作→画面初稿→刮版画成稿"的流程来完成室外采风的艺术再创作功能(如图 8-9)。

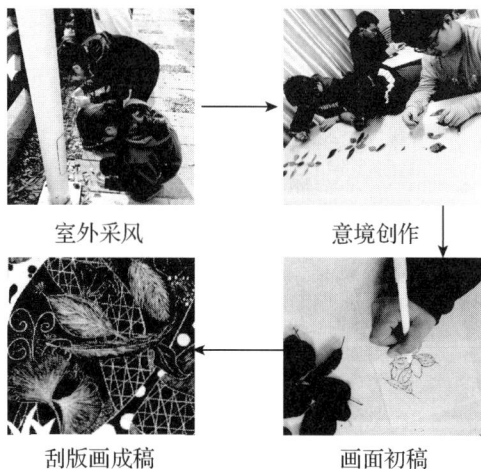

图 8-9　室外采风流程

(3)丰富校园活动。奉化高级中学全方位开展了刮版画校园活动，以此来检验刮版画的教学成果。比如，"雅美"校园文化系列之学生刮版画展览、教师刮版画基本功比赛等，这些活动既活跃刮版画的元素，又培养了学生美术表现力。

2. 刮版画教学新元素的开创——为刮版画教学量身定做的"微型刮版画"

(1)微型刮版画的引入及其教育价值。2016 年，竺老师在微型画的启发下首创了微型刮版画，并用于教学。微型画一般长和宽在 10 厘米之内，大小如手机一般。因其小，易于随身携带，作画时间短，有力解决了传统美术课堂"功夫在课外"的问题，大大提高了美术课堂的教学效率；因笔法细腻，具有常规画作不可替代的艺术欣赏价值，可以说它为刮版画教学打开了一个新的世界(如图 8-10)。

（a）教师微型刮版画作品《妈妈的记忆》
（获83届国际微型画展静物第一名）

（b）学生微型刮版画作品《漾》
（2017年在国际刮版
画网络平台交流）

图 8-10　师生微型刮版画作品

(2)微型刮版画教学实施。关于微型刮版画教学，学校美术组在经历了两次尝试后步入正轨。

2016 年 3 月和 6 月，学校先后分别组织了 20 位美术特长生进行第一次和第二次尝试性的创作辅导，最终发现具有较好素描基础的学生创作出了一幅幅无比精美的微型刮版画。

之后，微型刮版画正式进入课堂，由于画幅比较小，时间短，受到学生们的欢迎，其主要教学应用就是"技法练习、静物创作(如一个杯子)、微型写生(如一片树叶)"。其主要教学对象为美术尖子生,满足了较高级别学生的学习与创作要求。

微型刮版画教学使教学的有效性扩大到了最大,使学生的创作兴趣得到了空前的高涨,创作作品在质和量上得到了飞跃式的提高,让美术尖子生的美术素养有了另一片培育的土壤。

3. 艺术宣传扩影响

艺术宣传是教学宣传的一个有效的窗口,它可以间接促进刮版画教学的推广。学校开展的刮版画艺术宣传如图 8-11。

图 8-11 学校刮版画艺术宣传

(四)校内、校外联动,培育刮版画专业师资队伍

教师是提高学生学科素养的引导者与推动者。对于刮版画教学这一新兴事物来说,师资建设显得尤为重要。另外,教学研究才能使教学走得更远,刮版画教学也不例外。奉化高级中学采取"跟岗培养"与"定期培训"的策略来开展此项工作。

1. 跟岗培养

竺莉萍老师是学校刮版画创作与教学的带头人,她积极培养本校美术教师快速地成长为刮版画创作与教学的骨干。在校内,根据校本研修的安排,美术组进行一个月一次的教研活动以及两周一次的备课组活动。

在活动中，教师或对创作的刮版画作品进行评价，或探讨刮版画技法，或探讨刮版画教学等。

（1）创作研讨。美术组利用教研组活动、备课组活动、日常课堂活动等时间，以参加国内外相关画展为契机，进行作品的创作研讨。内容与刮版画的欣赏、创作、技法等有关。

（2）教学研究。把刮版画元素有效融入美术教学才是提高学生美术素养的直接手段。美术组通过日常研修、协会参与等方式来培养本校教师的教学能力。2017年9月，学校成立"教工书画协会"。课程领导小组在课余时间，先后多次对四十多位教师进行了刮版画基础技法的培训，教师在其中积累教学经验，实现自我成长。

2. 专题培训：校内、校外并举

为让更多学校能够参与到刮版画教学实践中来，学校美术组教师通过各种专题培训来达到培训外校教师刮版画教学技能的目的。

从2017年9月开始，3名教师参与奉化区教研室的"自然小班化实践活动"，每月去奉化区东岙小学或跸驻小学"送教下乡"一次，每次两节课。"送教"是最为直接也是最为有效的教学培训。教学推广初期，教学示范是最好的方式。以下是我校美术组教师对东岙小学或跸驻小学"送教下乡"的具体情况（见表8-4）。

表8-4 奉化高级中学"送教下乡"情况一览表

时间	地点	人数	内容
2017年9月	东岙小学	20人	刮版画技法指导
2017年10月	跸驻小学	26人	刮版画技法指导
2017年11月	东岙小学	20人	刮版画动物创作
2017年12月	跸驻小学	26人	刮版画风景创作
2018年3月	东岙小学	18人	我的家乡主题创作
2018年4月	跸驻小学	26人	十二生肖主题创作
2018年5月	东岙小学	18人	蛋糕设计师
2018年6月	跸驻小学	19人	叶子创作

"送教"活动既起到了教学示范作用，又起到了辐射刮版画教学面的作用，两者相辅相成。"送教"日常如图8-12所示。

| "送教" | 课堂教学 | 学生创作 | "送教"成果 |

图 8-12 "送教"日常

2018 年 10 月，学校决定让竺莉萍老师赴珲春第一高级中学支教。通过"师生共上一节课"、专题讲座、示范课、展示课、专业教师主题创作、课题撰写、课外辅导、作品展示等活动，让珲春第一高级中学的老师和同学们接触和体验刮版画。

与此同时，为满足更多求教者的需求，学校欢迎各地区教师"上门取经"，并通过座谈、讲座的形式给予指导。

经过我们的努力，奉化高级中学的刮版画教学已在区美术教育教研中占据了重要一席。借此，刮版画教学的推广也将会走得更远。

(五)"线上线下"国际交流，构建美术素养交流平台

作品创作是美术教育的一个目标，同时也是教学的试金石。刮版画艺术是外来物种，所以我们必须带着作品走出去加强艺术交流，才能使我校的刮版画艺术及其教学有源源不断的活水。

1. "窗口"建设

(1)建立教师个人刮版画网站。从 2009 年开始，竺莉萍老师先后在个人 QQ 空间和新浪微博展示刮版画作品，并于 2016 年申请和建立个人刮版画主题网站，用于宣传刮版画艺术，主要内容有刮版画介绍、个人简历、参赛经历、作品展示、画家互动等，网站受到了国际刮版画协会和国际上一些画家的关注。随后，于 2016 年，俞洁萍老师也申请并建立个人刮版画网站。

(2)开设奉化高级中学公众号——"刮版画栏目"。学校于 2018 年 2 月开设了奉化高级中学公众号——"刮版画栏目"。短短几个月，已经宣传了包括师生刮版画比赛、刮版画社团活动、教师作品欣赏、国内外刮版画展览等内容，受到了广泛关注。

2. 走出国门

为加强国际交流，从 2013 年开始，师生作品每年都被带出国门，在

国际大舞台上进行交流。奉化高级中学的刮版画创作与教学水平也因此开始被国际刮版画领域关注(如图 8-13)。

(1)2013 年共 40 幅师生刮版画作品出国交流。

(2)2014 年共 10 幅学生作品参与国际刮版画展览交流。

(3)2015 年竺老师在美国马里兰第四届国际刮版画展览的研讨会上进行了刮版画讲座，并展示了学生们的刮版画创作情况，这是迄今为止最高级别的刮版画教学推广和交流。

(4)2018 年在美国俄亥俄州第七届刮版画展览期间，两位老师展示了学生们精心创作的 10 幅刮版画作品，受到了国际刮版画协会主席以及各国大师们的好评。他们认为，奉化高级中学是国际上刮版画教学做得最好的高中。其中，画家们对陈珊同学的《龙虾》评价颇高，惊叹连连。

通过国际交流平台的搭建，让奉化高级中学刮版画走出国门，走向世界，也让师生们认识到了自身的优点与今后努力的方向。

(a) 2014年国际刮版画展

(b) 2017年国际刮版画展

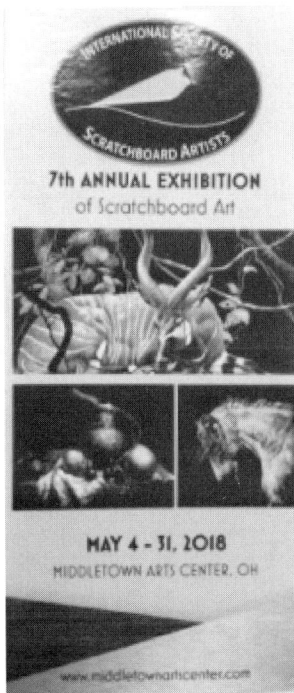

(c) 教师刮画作品在第七届
国际刮版画展宣传册封面

（d）学生作品在国际版画展上交流

图 8-13　师生刮版画作品出国交流

后　记

　　"登山则情满于山，观海则意溢于海。"笔者根据自己在奉化区第二中学和奉化高级中学担任校长期间，在实施课程领导力行动研究过程中所遇到的困惑与探索出的解决方案，从实践中梳理对课程领导力的理解与思考，提炼值得借鉴的做法，最后总结形成本书。借此希望与广大教师、校长分享相关经验，从而为促进学生、教师、课程和学校发展尽一份绵薄之力。

　　2012年浙江省实施深化普通高中课程改革以来，围绕"为学生更好地发展来实施校本课程"这个核心要求，为了让高中课程更有生命力，从而有力推进教育的内在发展，我们进行了反复的探索，将课程领导的主要功能定位于寻找适合学生的课程，满足不同潜质学生的发展需要，使学校的教育体系能达成增进学生学习品质的目标。

　　本书共八章，分成两大部分。第一章至第五章是对课程领导力的理论概括，在实践基础上，探析校本化的课程领导力，形成理性认识，重点突出关键词——校本；第六章至第八章侧重课程领导力的实践探索，寻找适合学生学习的课程，重点突出关键词——适合。

　　本书是集体实践研究的结果，撰写与成稿过程离不开两校老师的辛勤实践和全体学生的认真参与。是所有师生的智慧与热情，才使我们的研究有了丰厚的实践根基。

　　十分感谢宁波市教育局为培养教育管理名家启动了我市最高层次的校长培训项目——第二期"甬派教育管理名家培养工程"，使我有幸成为江苏省教育科学研究院研究员彭钢导师的学员。非常感谢首席导师陈如平教授和宁波教育学院教育行政学院袁玲俊院长对我的指导和鼓励。特别感谢我的导师——江苏省教育科学研究院彭钢研究员三年来对我的悉心指导，以及他为本书的撰写安排的多次研讨，他不断为我鼓劲儿，并执笔作序。

感谢本书撰写与成稿过程中参与文字梳理并付出辛勤劳动的奉化区第二中学教科室主任朱新伟老师、奉化高级中学校办主任糜洛施老师、奉化区教师进修学校科研部吴伟强老师。感谢大力支持我的奉化区教育局领导，感谢宁波市教育局教研室郑宇醒老师的真诚帮助，感谢北京师范大学出版社冯谦益编辑及其团队为本书出版提供的专业支持。

普通高中学校在全面实施新课程的进程中，尽管在优质、特色、多样化上，我们已经迈出了很大的一步，并且也进行了许多探索和尝试，但问题和困惑也不少。从这个意义上讲，我们对课程领导力的追寻没有终点。因此，我们推进课程与教学改革、促进学校自身发展的步伐还在前进，并越发矫健。

普通高中课程领导力的校本建构